FLORIDA

von
Marlies Glagow

compact verlag

"Ich kenne mein Ziel."

Gut zu wissen, daß es IDUNA/NOVA gibt.

Wer gerne reist, braucht Geld. So lange Sie im Berufsleben stehen, kein Problem. Wie sieht's aber mit dem Leben nach dem Berufsleben aus? Auch kein Problem, wenn Sie schon heute gezielt etwas für morgen tun. Und auf die Private Rente der IDUNA/NOVA fliegen. Die sorgt auch im Alter für finanziellen Aufwind.

Tickets in Sachen Zukunftsziele bucht man bei:
IDUNA/NOVA · Abteilung 91680
20351 Hamburg

IDUNA **NOVA**
Versicherungen und Finanzen

Inhalt

Nordflorida	4
Zentralflorida	24
Orlando	40
Südflorida	56
Miami	74
Geschichte	86
Praktische Tips	89
Impressum	94
Stichwortverzeichnis	95

Symbole

- Essen und Trinken
- Nightlife
- Szene-Treffs
- Shopping
- Lifestyle
- Kultur
- Information

Nordflorida

Kunst und Kultur

- ❹ Jacksonville B7
- ❽ Pensacola B1
- ❾ Saint Augustine B7
- ❿ Tallahassee B4

Sehenswürdigkeit

- ❶ Cedar Keys C5
- ❺ Lake City B6

Erlebnis

- 2 Daytona Beach C7
- 3 Flagler Beach C7
- 6 Ocala C6
- 7 Panama City B3

Nordflorida

Schneeweißer Sandstrand

Nordflorida bietet mit seinen Hügeln und Wasserwegen einen etwas anderen Anblick als die südlicheren Gebiete. Der tropische Charakter wird immer schwächer und geht schließlich in eine sanfte Hügellandschaft über, die sich nach Norden bis zur Landesgrenze erstreckt. Es ist, westlich vom **Suwannee River,** das Land der Magnolien und Eichen. Südlich donnert der Golf von Mexico an die endlosen, weißen und oft einsamen Sandstrände, die sich ohne Unterbrechung auf einer Länge von über 160 km zwischen Pensacola und Apalachicola dahinziehen. Der **Miracle Strip**, Wunderstrand, ist Floridas größter Strand. Weiter südlich wird die Vegetation des Nordens, Eichen, Kiefern und Zypressen, durch Palmen abgelöst, die Flora wird wieder dichter und farbiger.

Cedar Keys 1

Inselgruppe im Golf von Mexico, etwa in Höhe von Ocala, erreichbar über die FL 24 Gainsville – Cedar Key, oder die US 19 St. Petersburg – Tampa, Abzweigung auf die FL 24 bei Otter Creek.

Die Cedar Keys sind eine Kette von etwa 100 Inseln, von denen die drei größten zum **Cedar Key Wildlife Refuge** erklärt wurden. Auf der größten der Keys liegt das gleichnamige Fischerdorf, das früher strategisch und wirtschaftlich bedeutend war, heute jedoch ruhig und gemütlich ist. Cedar Key lebt noch immer fast ausschließlich von der Fischerei, entsprechend sind die Restaurants des kleinen Ortes ein wahres Paradies für Fisch- und Meeresfrüchteliebhaber.

Der aus nur etwa 800 Einwohnern bestehende Ort besitzt sogar ein eigenes Geschichtsmuseum: das **Cedar Key Historical Society Museum** (ausgeschildert), in dem der Interessierte Genaueres über die Vergangenheit des Ortes erfährt. Geöffnet: Mo. bis Sa. von 10–17 Uhr, So. ab 13 Uhr.

Daytona Beach 2

US 95 Titusville – Saint Augustine, ca. 54 km nördlich von Titusville. Telefonvorwahl 904. Destination Daytona, 126 East Orange Avenue, Tel. 255 0981. Bus-

Nordflorida

COLIBRI GEHEIMTIP Achten Sie an den Stränden von Daytona darauf, daß absolutes **Alkoholverbot** besteht. Lassen Sie sich auch nichts von einem „fliegenden Händler" andrehen!

verbindung: „Votran" pendelt zwischen Strand, Downtown und Flughafen. Bitte beachten: kaum Unterkunftsmöglichkeiten während der Autorennen, und wenn, nur zu schwindelnd hohen Preisen. Fahrradverleih überall entlang des Strandes.

Daytona Beach – Lieblingsstadt von Auto- und Motorradliebhabern. So manch einer bekommt schon beim Klang dieses Namens ein Kribbeln in den Fingern und hat den Kopf voll vom satten Sound der Motoren. Daytona besitzt die angeblich beste, sicherlich aber die berühmteste Rennbahn der Staaten, den 4 km langen **Daytona International Speedway,** 1801 Speedway Boulevard (US 92), nicht weit von der Kreuzung mit der US 95 entfernt. Hier werden jährlich etwa 12 Rennen ausgetragen und jedes verwandelt Daytona in einen einzigen Vergnügungspark – mit verdreifachten Preisen. Renn-**Hauptsaison** ist Februar/März, hier finden die bedeutendsten Rennen statt: Daytona 500, Paul Revere 250, Firecracker 400, die Bike Week (Motorrad) mit dem Daytona 200 und vielen anderen. Im Sommer, meist am Unabhängigkeitstag, findet das Pepsi 400 Rennen statt. Weitere Informationen erteilt die „Daytona International Speedway", Telefon 253 7223. Einen vollständigen Rennplan erhält man im **Tourist Office.**

Das erste Rennen fand bereits 1903 am 37 km langen Strand statt. Damals fuhr **Alexander Winton** mit einer Geschwindigkeit von 109 km/h. den Weltrekord. Den Strand darf man noch immer befahren, allerdings nur noch mit 10 Meilen (16 km/h). Achten Sie übrigens darauf, daß die Reifen nicht ins Salzwasser kommen, der Gummi wird geschädigt.

Nicht nur Auto- und Motorradrennen bringen hier die Nerven zum Flattern, auch für seine Hunderennen ist Daytona bekannt. Sie finden im **Daytona Beach Kennel Club** (Tel. 252 6484), neben der Rennbahn an der US 92, jeden Montag, Mittwoch und Samstag von 13 bis 19.45 Uhr statt.

Kulturinteressierte sollten einen Blick ins „**Museum of Art & Sciences**" werfen (1040 Museum Boulevard, Tel. 255 0285, geöffnet Di.–Sa. 10–17 Uhr). Sehr schön im **Tuscawilla Park** gelegen, stellt dieses Museum alle möglichen Kunstobjekte aus.

Ein besonderes Augenmerk verdient die Abteilung für kubanisches Kunsthandwerk und die prähistorische Abteilung.

Die letzten zwei Märzwochen sollte man Daytona entweder meiden oder den „**Spring**

Rasanter Flitzer

Nordflorida

COLIBRI GEHEIMTIP Wer ein Auto hat, dem sei das **„Lighthouse Landing"**-Restaurant in Ponce Inlet empfohlen – man fährt auf der A1A (auch Atlantic Avenue) südlich über Daytona Beach Shores und Wilbur by the Sea nach Ponce Inlet. Am äußersten Ende der Insel steht der **Leuchtturm** und gleich daneben das Restaurant. Die Fahrerei lohnt sich – man sitzt sehr romantisch im Fischkutterambiente auf einer Holzterrasse über dem Meer, das Essen – man serviert alles, was schwimmt – ist hervorragend, die Preise auch: Sie sind überraschend günstig.

Break" mitmachen, ein riesiges Festival, zu dem Studenten von überall her kommen und den Frühling am Strand feiern.

Frischen Fisch, auch zum mitnehmen und zu vernünftigen Preisen, erhält man bei **„B&B Fisheries"**, 715 International Speedway Bvd. Täglich außer sonntags von 11 bis 20.30 Uhr geöffnet. Ebenfalls gut und preiswert ist **„Aunt Catfish's"**, 4009 Halifax Drive, Tel. 767 4768.

Typisch amerikanisch ist der **„Oyster Pub"** (555 Seabreeze, Tel. 255 6348, geöffnet von 11.30 bis 3 Uhr früh) – schummrig, mit riesiger Bar, lauter Musik und gleichzeitig Fernsehen – und „Happy Hour" ab Mitternacht.

Flagler Beach 3

A 1 A zwischen Daytona Beach und St. Augustine.

Flagler Beach, nach dem Eisenbahnmagnaten **Henry B. Flagler** benannt, der dem Staat Ende des 19. Jahrhunderts durch den Eisenbahnanschluß Ostfloridas eine Art „Wirtschaftswunder" bescherte, liegt an der herrlichen **Palm Coast.** Die riesigen Palmenhaine, die sich tief ins Landesinnere ziehen, verleihen Flagler Beach und seiner Umgebung ein beinahe karibisches Flair. Wer sich für die Herkunft der Palmen interessiert, fährt auf der A1A ein Stück südlich: In den **Bulow Plantation Ruins,** inmitten der Palmenhaine gelegen, informiert das State Historical Monument über die Versuche der ersten Pflanzer dieses Gebiet zu bebauen – Zuckerrohr und Palmen gediehen am besten – wie kaum zu übersehen ist.

Ein Stück nördlich von Flagler Beach, ebenfalls über die A1A, erreicht man die **Washington Oaks State Gardens,** ein Paradies für Liebhaber exotischer Pflanzen. Kurz darauf kommt das **„Marineland of Florida",** einer der ältesten Parks dieser

Palmenhain

Nordflorida

Art und Vorläufer des Seaquarium Miamis und des Sea World in Orlando. Er wurde bereits 1938 eröffnet – damals wurden erstmals Delphine abgerichtet. (Tel. 471 1111; täglich von 9 bis 17 Uhr.)

Jacksonville 4

i Endpunkt der Straßen US 1, 10 und 95, etwa 520 km nördlich von Miami und 250 km westlich von Tallahassee. Busverbindung: Greyhound von und zu allen größeren Städten. Flugverbindung mit Orlando, Miami und Tampa. Telefonvorwahl 904. Jacksonville and Beaches Convention and Visitor's Bureau, 6 Bay Street, Tel. 353 9736.

Marineland of Florida

Die größte Stadt Floridas liegt nur wenige Kilometer vom Atlantik entfernt an den Ufern des St. John-Flusses. Benannt wurde die Hafenstadt nach dem Präsidenten **Andrew Jackson.** Ursprünglich waren es jedoch die Franzosen, die sich hier niederließen. **Jean Ribaud** gründete gemeinsam mit anderen hugenottischen Flüchtlingen Fort Caroline im 16. Jahrhundert – immer darauf bedacht, einen Ort, wo die in Frankreich verfolgten Hugenotten Asyl finden konnten, zu schaffen. Kurz darauf, 1567, übernahmen jedoch bereits die Spanier die Herrschaft, die sie fast drei Jahrhunderte behielten, bis die gesamte Kolonie den Amerikanern übergeben wurde. 1901 wurde die Stadt durch ein riesiges Feuer fast vollständig in Schutt und Asche gelegt. Dadurch bietet sich heute ein anderes Jacksonville dem Betrachter dar: der Hafen, der größte Floridas, Fabriken, Eisenbahnen, dazu große Finanz-, Verwaltungs- und Versicherungspaläste prägen das Bild der Stadt. Ihre Lebensader ist der **Riverwalk,** der sich am St. John's River bis **Jacksonville Landing** entlang zieht.

Auf der rechten Seite des Flusses liegt die **Cummer Gallery of Art,** 829 Riverside Avenue, Tel. 356 6857. Geöffnet ist sie Di.–Fr. 10–16 Uhr, Sa. 12–17 Uhr, So. 14–17 Uhr. Die Cummer Galerie, inmitten eines schönen französischen Gartens gelegen, bietet einen Überblick über alle Kunstepochen – beginnend bei altgriechischen Exponaten bis zu Kunstwerken des 20. Jh. Besondere Beachtung findet auch die Meißen-Sammlung, etwa 700 Stück Porzellan sind hier ausgestellt.

Das **Jacksonville Art Museum,** 4160 Boulevard Center Drive, Tel. 398 8336, besitzt eine sehenswerte Sammlung orientalischer Keramiken. Besonders interessant sind die präkolumbianischen und afrikanischen Skulpturen. Täglich außer montags, an Wochenenden nur nachmittags, Eintritt frei.

Nordflorida

Auf dem Campus sind vor allem zwei Bauten einen Besuch wert: das **Delius House** und die **Brest Art Gallery.** Das dem englischen Komponisten Delius gewidmete Haus beherbergt Erinnerungsstücke an den Musiker. Im März findet hier das **Delius Festival** mit vielen Konzerten statt. In der Galerie werden wechselnde Austellungen von Gemälden, Töpfereien, Stoffmalereien und Skulpturen gezeigt.

Das **Fort Caroline,** etwa 16 km in nordwestlicher Richtung vom Stadtzentrum entfernt, gehört mit zu den größten Sehenswürdigkeiten der Stadt. Es ist über die I–90 und die Fort Caroline Road erreichbar, Tel. 641 7155, täglich von 8.30–17 Uhr geöffnet, Eintritt frei. Das Fort, in dem heute ein kleines Museum eingerichtet ist, ist für jeden interessant, der sich für die Geschichte Floridas interessiert. Neben historischen Dokumenten findet man auch eine Sammlung indianischen Kunsthandwerks und französischer Kunstgegenstände. Man sollte sich auch ein wenig außerhalb des Forts die Beine vertreten, denn der Blick über den Fluß und die Umgebung ist sehr reizvoll.

Ganz ohne Kultur, dafür mit viel Spaß verbunden, ist ein Ausflug in den **Zoological Park,** 8605 Zoo Road (Hekscher Drive in nördlicher Richtung fahren!). Täglich von 9 bis 17.30 Uhr geöffnet. Mit dem „Safari Train" kann man durch das 16 Hektar große, wunderschön am Trout-River gelegene Gelände fahren und dabei viele verschiedene Tierarten beobachten. Picknickmöglichkeiten, Cáfeteria und Spielplatz sind vorhanden.

Jacksonville Beach bietet ausgezeichnete Einkaufsmöglichkeiten an der Strandpier (Beach Pier), gute Restaurants und schöne Plätze für Hobbyangler. Auch für Segler ist Jacksonville ein Eldorado – man sieht sie den **St. John-Fluß** hinauf- und hinunterkreuzen. Der Fluß ist der einzige Floridas, der nordwärts fließt. Er entspringt in den Sümpfen Mittelfloridas und windet sich, mehr oder weniger parallel zum Atlantik und unter Bildung vieler sehr schöner Seen, bei Jacksonville endgültig dem Meer zu. Um die riesige Bucht des St. John's River zieht sich die Skyline der Stadt, die durch ihre gewaltigen Wolkenkratzer imponiert.

Im Zentrum Jacksonvilles liegt der **Friendship Fountain** – für Einheimische und Besucher wegen des bunten Wasserspektakels ein abendlicher Anziehungspunkt.

Das **Jacksonville Museum of Science and History,** 1025 Gulf Life Drive, Tel. 396 7062, bietet hervorragende wechselnde Austellungen zu den ver-

Silver Springs

Nordflorida

Indianer

schiedensten Themen, die das County betreffen: Archäologie, Ökologie, Flora und Fauna, Indianer, Siedlerpioniere usw. Es ist im September geschlossen, sonst Di. bis Fr. ab 9, Sa. ab 11 und So. ab 13 bis jeweils 17 Uhr geöffnet, Eintritt frei.

Das **„Alhambra Dinner Theatre"**, 12000 Beach Boulevard, Tel. 641 1212, bietet Nachtleben im etwas luxuriöseren Stil: Dinner mit Broadway-Show. Abendessen wird ab 18 Uhr serviert, Show-Beginn ist um 20.15 Uhr. Reservierung in der Hauptsaison notwendig.

Tiefste Südstaaten-Küche kann man im **„Crawdaddy's"**, 1643 Prudential Drive, Tel. 396 3546 genießen – hier riecht und schmeckt alles nach Lousiana.

Pizza und Pasta – dafür ist **„Patti's"** bekannt. Gut und preiswert! 7300 Beach Boulevard, Tel. 725 1662.

Lake City 5

US 10 Jacksonville – Tallahassee.

Der recht unscheinbare, aber freundliche Ort liegt am Rande des **Osceola National Forest.** Dicht bewaldet bietet er – dank des Mount Carrie – ein hügeliges Landschaftsbild. An seinem Südrand liegt ein trauriges Mahnmal amerikanischer Geschichte: das Olustee Battlefield. Hier fand Mitte des 19. Jahrhundert die letzte, entscheidende Schlacht zwischen den Seminolen und den amerikanischen Truppen statt, die den Indianern endgültig ihre Freiheit kosten sollte.

COLIBRI GEHEIMTIP Die **Jacksonville University**, North University Boulevard, Tel. 744 3950, kann man ebenfalls besichtigen. Wer will, kann während der Semesterzeiten sogar die Vorlesungs– und Übungsräume besichtigen, allerdings nur nach Voranmeldung. Dies ist hier insofern interessant, als man vielen der Kunststudenten bei der Arbeit zusehen kann.

Nordflorida

In Lake City kommt es im August zu einem äußerst seltenen Spektakel: Dann findet hier die **Tabak-Auktion** statt, eine von nur fünf in ganz Florida. Grund genug, gleichzeitig ein riesiges Fest zu veranstalten. Einen traditionellen **Tabakmarkt** gibt es rund 36 km westlich von Lake City in Live Oak (US 10 folgen). Nicht nur für Raucher interessant!

Ocala 6

US 441 Orlando – Ocala; FL–40 Ormond Beach – Ocala. Busverbindung nach Orlando.

Ganz Ocala riecht, etwas übertrieben gesagt, nach Pferd – zur Begeisterung vieler Pferdefreunde. Die Gestüte Ocalas sind weltberühmt, sie haben schon so manches „weltbeste" Pferd hervorgebracht. Die **„Ocala Stud Farm"** an der FL 200 kann man täglich zwischen 7 und 10 sowie 13 bis 15 Uhr besichtigen, Tel. 237 2171.

In östlicher Richtung, auf der FL 40, kommt man nach **Silver Springs,** einem Thermalbad, dessen Quelle innerhalb von 24 Stunden etwa 2 Milliarden (!) Liter Wasser sprudeln läßt. Zum Verwaltungsdistrikt von Silver Springs gehört auch das mitten im Ocala Forest an der FL40 gelegene Westernstädtchen **„Six Gun Territories"**, eine Attraktion für jeden, der Western Shows liebt – Indianerüberfälle eingeschlossen. Täglich von 9.30 bis 18.30 Uhr geöffnet.

Panama City 7

FL 98 Fort Walton Beach – Panama City, US 10, Abzweigung FL 231 nach Panama City. Telefonvorwahl 904. Panama City Visitor's & Convention Bureau, 12015 West US 98, Tel. 234 6475.

Panama City, an der Andrews Bay gelegen, ist die neue Hauptstadt dieses Küstenstreifens, der mit wunderbaren Stränden und hervorragenden Fischgründen lockt. Vor allem im Sommer zieht der „Pfannenstiel", wie der Küstenstreifen scherzhaft genannt wird, zahlreiche Besucher an. Die Saison beginnt An-

---

COLIBRI GEHEIMTIP

18 km südlich von Jacksonville, am Ostufer des St. John's River, liegt der beschauliche, kleine Ort Mandarin im Schutz großer Bäume. Er konnte seine Schönheit bis heute sehr gut bewahren. Hier schrieb seinerzeit **Harriet Beecher Stowe** ihr weltberühmtes Buch „Onkel Toms Hütte", Mandarin diente ihr als Winterquartier und wohl auch zur Inspiration.

Miracle Strip

Nordflorida

fang Mai mit dem „Spring Festival of the Arts", das jedes Jahr im McKenzie Park gefeiert wird. In Panama City Beach liegt der Vergnügungspark **„Miracle Strip"** am gleichnamigen Boulevard, daneben **Shipwreck Island**, das mit zahlreichen Wasserattraktionen aufwartet, und das **Snake-a-Torium** mit erstaunlichen Vorführungen und Erklärungen zur Gewinnung von Schlangengift. Alle drei Zentren sind täglich geöffnet, der „Miracle Strip" bis hinein in die Nachtstunden, Shipwreck Island meist zwischen 9 und 17.30 Uhr. Hauptattraktion sind und bleiben jedoch die Strände.

Manchmal, je nach Windrichtung, werden die Badefreuden allerdings leicht getrübt: Die Papierfabriken, die neben Tourismus und Fischerei die Haupteinnahmequelle der Stadt darstellen, machen durch ihren Geruch auf sich aufmerksam. Man sollte dann ein Stück westlich ziehen, die weißen Sandstrände sind bis **Fort Walton Beach**, 94 km entfernt, ziehen sich teilweise in kleinen Buchten die Küste entlang: ein Paradies – auch für Nacktbader.

Kurz vor Fort Walton Beach liegt auf Okaloosa Island das **„Gulfarium"**, Tel. 244 5169, täglich von 9.30–17.30 Uhr.

Fort Walton Beach

Sehenswerte Seelöwen- und Tümmlershows.

In Fort Walton Beach sollte man unbedingt das Indianische Museum **„Temple Mound"** besuchen. Geöffnet Di. bis Sa. 11–16 Uhr, So. ab 13 Uhr. Ausschilderungen folgen.

Anhand von Tafeln und ergänzt durch zahlreiche weitere, zum Teil sehr alte Kulturobjekte und Austellungsstücke wird man in die Grundsätze indianischer Kultur und Zivilisation eingeführt. Das ist sehr anschaulich gemacht und vermittelt einen guten Eindruck und mehr Verständnis für die für viele fremdartige Lebensweise.

Wer zur Abwechslung einfach einmal nur Salat und keinen Fisch mehr mag, sollte zu

COLIBRI GEHEIMTIP Weiter westlich, der US 10 folgend, durchquert man den **Suwannee District**, benannt nach dem gleichnamigen Fluß. Dieses Gebiet ist berühmt für seine zahllosen Thermalquellen. In **White Springs** (auf die I–41 nach Norden abzweigen) haben sich seinerzeit die Indianer mit Hilfe der Quellen von ihren Verwundungen erholt. Auch heute noch ist die medizinische Bedeutung der Quellen unbestritten. Profitieren Sie vom Erholungswert des auch landschaftlich reizvollen Gebietes.

Nordflorida

Schnorchler nahe Shell-Island

„Capt'n Andersons", 5551 North Lagoon Drive, Panama City (Tel. 234 2225) fahren, besonders der griechische Salat ist köstlich. Sonntags geschlossen.

Das **„Treasure Ship Main Dining Room"**, 3605 Thomas Drive, ist ein teures, aber romantisches Lokal in Form einer spanischen Galeone. Reservierung angebracht (Tel. 234 8881).

Flugzeugfreaks sollten es sich nicht nehmen lassen, die **Eglin Air Force Base**, mit 1885 qkm größte „Air Base" der Vereinigten Staaten, zu besichtigen. Sie liegt nördlich von Fort Walton Beach, zwischen Pensacola und De Funiak Springs. Die Besichtigungstour per Bus dauert rund 2 Std., kostenlose Karten und weitere Informationen erhält man im Chamber of Commerce, 34 Miracle Strip Parkway (Küstenstraße) in Fort Walton Beach, Tel. 244 8111. Besichtigung während der Sommermonate Di. und Do. 9 bis 17 Uhr.

COLIBRI GEHEIMTIP

Fahren Sie mit dem Boot hinüber zu **Shell-Island**, die Insel eignet sich hervorragend zum Tauchen. Bootsablegestelle: Captain Anderson's Marina, 5500 N. Grand Lagoon Drive, oder Treasure Island Marina.

Pensacola 8

FL 98 Panama City – Pensacola, US 10 Tallahassee – Pensacola. Greyhound-Verbindung von Tallahassee. Telefonvorwahl 904. Visitor Information Center, 1401 East Gregory Street, Tel. 434 1234 (täglich geöffnet) und Pensacola Area Chamber of Commerce, 117 West Garden Street, Tel. 438 4081, Mo.–Fr. 8.30–17 Uhr.

Pensacola ist einer der ältesten Urlaubsorte an der Nordwestküste Floridas, an deren Ufern 1559 die ersten Spanier siedelten. Tristan de Luna gründete die Niederlassung sechs Jahre vor St. Augustine: Später geriet die Stadt unter französische (1719) und englische (1763), 1781 wieder unter spanische Herrschaft, 1822 kam sie zu den Konföderierten und wurde schließlich 1861 während des Bürgerkrieges von nordamerikanischen Unionstruppen eingenommen. Von ihren Besatzern stammt der Beiname **„The City of Five Flags"** – dem trägt die Stadt jedes Jahr Mitte Mai Rechnung mit der „Fiesta of The Five Flags", ein großartiges Schauspiel mit allem, was für die einzelnen Besatzer typisch war.

Heute zeigt sich Pensacola mit großen Boulevards und Parkways, die sich

Nordflorida

am Strand entlangziehen, kleinen, flachen Gebäuden, Häusern im Kolonialstil, alles umweht vor dem Geruch nach Meer.

In dem historischen Viertel rund um den **Seville Square,** das an die Zeit der Conquistadores erinnert, sind Bauten aus allen Epochen zu sehen. Es steht unter Denkmalschutz. Informationen beim „Seville Quarter", 130 East Gouvernment Street, Telefon 433 7436.

Einen Besuch wert ist in jedem Fall die **Old Christ Church,** Ecke Zaragossa- und Adams Street. Sie ist die älteste Kirche von Westflorida – Baubeginn 1830. Der Bau aus lokalen Ziegeln, versetzt mit Pinienholzbalken, ist etwas Besonderes. Später diente die Kirche als Kriegshospital, dann als Bibliothek. Heute ist hier das **Pensacola Historical Museum** untergebracht (geöffnet Mo.–Sa. 9.30–16.30 Uhr, Tel. 433 1559, Eintritt frei). Es informiert anhand von Dokumenten, Stichen und Geräten über die geschichtliche Entwicklung der Stadt.

Im ehemaligen Stadtgefängnis, 407 South Jefferson Street, befindet sich inzwischen das **Pensacola Museum of Art** mit Kunstwerken der verschiedenen Besatzungszeiten und wechselnden, modernen Ausstellungen. (Geöffnet Di.–Sa. 10–17 Uhr, Tel. 432 6247, Eintritt frei).

Der alte **Saint Michael's Cemetery,** Ecke Alcaniz und Garden Street, lohnt ebenfalls einen Abstecher. Auf dem bereits Ende des 18. Jahrhunderts angelegten Friedhof sieht man die Gräber berühmter lokaler Persönlichkeiten. Unter anderen fanden hier **Stephen R. Mallory,** Marinesekretär der Konföderierten, und **Dorothy Walton,** die Witwe eines Mannes, der die Unabhängigkeitserklärung mit unterzeichnet hatte, ihre letzte Ruhe.

Vom ursprünglichen **Tivoli-Komplex,** Ecke Barracks- und Zaragossa Street, wurde anläßlich der 200 Jahrfeier der Vereinigten Staaten das **High House** nach alten Plänen neu errichtet. Die Pläne stammen von drei französischen Architekten, die es 1805 nach europäischen Muster erbauten. Beispielsweise zog sich eine typische Galerie, die als Balkon diente, rund um den ersten Stock. Eine Bauweise, die später kennzeichnend für die Südstaaten wurde. Zum Tivoli-Komplex gehörte ein riesiger **Ballsaal** und ein **Theater,** das bis 1837 spielte. Heute noch wird erzählt, wie sich einst der Bischof der nahegelegenen Old Church häufig über den durch die lebhaften Bälle verursachten Lärm beschwert habe.

Etwa 23 km östlich von Pensacola liegt der **Tierpark** an der US 98 (Tel. 932 2229, geöffnet täglich von 9.30–17 Uhr). Der relativ kleine Zoo,

Typisches Südstaaten-Haus

Nordflorida

Oldest House

dem eine botanische Abteilung angeschlossen ist, besitzt als besondere Attraktion die größten in Gefangenschaft lebenden Gorillas.

Etwas Besonderes ist auch die **Naval Air Station**, im Westteil von Pensacola am Navy Boulevard (Telefon 452 2311, täglich von 9 bis 17 Uhr geöffnet, Eintritt frei). Man sollte für den Besuch rund 2 Stunden kalkulieren.

Im **Naval Aviation Museum** sind etwa 60 Flugzeuge, die alle eine wichtige Rolle im Luft- und Raumfahrtwesen eingenommen haben, ausgestellt. Darunter die NC-4, die 1919 erstmalig den Atlantik überquert hat, die F6F „Hellcat", die sich als Kampfflugzeug im 2. Weltkrieg einen Namen gemacht hat, und die Skylab Kommandantenkapsel. Die **Naval Aviation Hall of Honor** ist eine Ehrenhalle zur Erinnerung an berühmte Piloten. Außerdem ist die USS Lexington, ein Schulschiff aus dem 2. Weltkrieg, zu besichtigen und das spanische Fort Barrancas – wunderschön in einem Pinien- und Eichenwald gelegen.

Relativ preiswerte, ausgezeichnete Fischgerichte werden im „Capt'n Jims", (905 East Gregory St., Tel. 433 3562, So. geschlossen) und in „The Oyster Bar" (709 North Boulevard, Tel. 455 3925, Di. geschlossen) serviert.

Wessen Magen abwechslungsweise nach griechischer Küche mit amerikanischem Touch verlangt, wende sich an „**Skopelos Seafood & Steak**", 670 Scenic Highway, Tel. 432 6565.

Saint Augustine 10

A1A Daytona Beach – Saint Augustine, oder FL 1, Daytona Beach – Jacksonville, ca. 63 km nördlich von Daytona. Greyhoundbus-Verbindung von Jacksonville, Tampa, Miami, Key West. Telefonvorwahl 904. Saint Augustine an Saint Johns County Chamber of Commerce, 52 Castillo Drive, Tel. 829 5681. Mo.–Fr. 8.30–17 Uhr geöffnet. Visitor Information & Preview Center, 10 Castillo Drive, Tel. 829 6500, täglich von 8.30–17.30 Uhr.

Nordflorida

Viel gerühmt als älteste Stadt der USA (wobei man die kleine Siedlung Pensacola nicht mitgerechnet hat), ist St. Augustine eine der Hauptsehenswürdigkeit in Florida. Im Gegensatz zu fast allen anderen Städten der Staaten besitzt sie verwinkelte, verträumte Gassen – wäre da nicht das Besuchergewimmel, das die Stadt sehr lebendig macht.

Für die USA eher ungewöhnlich sind die dortigen Trachtenausstellungen. St. Augustine, „die Stadt der Conquistadores", wie sie überall auf den Hinweisschildern bezeichnet wird, wurde 1565 gegründet – als Stadt, nicht nur als kleine Siedlung. **Pedro Menendez Aviles** erklärte das Gebiet an der Küste am 8. September, dem Tag des Heiligen Augustin, zum Eigentum des spanischen **Königs Phillip II.** An der Spitze von 700 Kolonisten baute er Häuser und Kirche der Stadt, Forts zu ihrem Schutz, entstandte Missionare, um die Indianer zu bekehren – Saint Augustine entwickelte sich binnen kürzester Zeit zu einer lebendigen Städtchen: bis 1763 befand es sich fest in spanischer Hand – abgesehen von einer kurzen Eroberung durch den berühmten englischen Piraten **Sir Francis Drake**, der die Stadt in Schutt und Asche legte. 1784 gewannen die Spanier das Gebiet zurück, doch durch die ständigen Revolten mußte die spanische Kolonie, finanziell und moralisch am Ende, aufgeben.

Am 10. Juli 1821 zogen die Amerikaner in St. Augustine ein. Sie profitierten von der wunderschönen Anlage der Stadt und ließen viele der alten Häuser renovieren, was bereits damals viele Besucher anzog. Der berühmteste war der Sohn des Königs von Neapel, **Prinz Achille Murat.** Die Seminolenkriege und später

 Das Fremdenverkehrsbüro von Pensacola hat zusätzlich einen Besichtigungsplan in Form eines Dokumentes herausgegeben – das für sich schon ein hübsches Souvenir ist. Das Faltblatt beschreibt jede wichtige Sehenswürdigkeit recht anschaulich. Der Spaziergang ist, wenn die Hitze es erlaubt und man gut zu Fuß ist, sehr interessant, doch man sollte auf jeden Fall mit einem halben Tag rechnen. Man gelangt zuerst zum **Seville Square** mit wunderschön restaurierten Häusern aus dem 19. Jahrhundert. Hier sind verschiedene Kunstgalerien, Antiquitätenläden, exquisite Restaurants und Boutiquen untergebracht. Anschließend führt der Rundgang zu mehreren sehr hübschen Häusern, die teilweise kostenlos zu besichtigen sind, wie das **Charles Lavallé House** von 1810, das älteste Haus der Stadt, das **Hispanic Building** oder das Clara Barkley Dorr House. Der gesamte **Pensacola Historic District** wurde zum National Historic Landmark erklärt.

Flagler College

Nordflorida

der amerikanische Bürgerkrieg unterbrachen den touristischen Ausbau, der jedoch kurz darauf wiedereinsetzte. Wieder war es **Henry M. Flagler**, der, begeistert vom „amerikanischen Spanien" die ersten großen Hotels im spanisch-maurischen Stil bauen ließ. 1887 und reich an Gerüchen. Besuchen Sie die wunderschönen Patios, die Innenhöfe der großen Casas, alle kleine Oasen der Ruhe, mit kleinen Brunnen und viel Grün ausgestattet. (Alle Häuser und Höfe sind im allgemeinen zwischen 9 und 17.15 Uhr zu besichtigen.) In der St. George

Indianer-Kanu

1914 fielen viele der alten Bauten Großbränden zum Opfer, doch seither wurden zahlreiche Vorsichts- und Restaurationsmaßnahmen realisiert – das historische Viertel rund um die St. George Street legt ein lebendiges Zeugnis davon ab. **San Agostin Antiguo** heißt dieses spanische Viertel zwischen der San Marco Avenue, der Cordova und Sevilla Street, der Avenida Menendes und der Spanish Street. Bei einem Bummel durch die zauberhaften Gassen begegnet einem in jedem Detail Spanien wieder – lebendig, laut, bunt und Street, der Hauptstraße des Historischen Viertels, liegt die älteste **Schule** (Nr. 14), ein kleines, bescheidenes Holzgebäude aus Zedern- und Zypressenholz.

Auf Nr. 29 liegt das sogenannte „**Spanish Quater**", ein Ensemble restaurierter Holzhäuser, das einen guten Eindruck von der damaligen Lebensart vermittelt. Um den Garten herum befinden sich mehrere Bauten aus dem 18. Jahrhundert. in denen noch immer altes Handwerk praktiziert wird: Spinnerei, Schmiede und Tischlerei.

Das **Demenza Sanchez House**, möbliert im Stil des 19. Jahrhunderts, liegt einige Häuser weiter.

Das **Oldest House**, 14 Saint Francis Street, ist der älteste private Bau der Stadt. Ursprünglich um 1600 aus Sand und Stein, Holz und Palmblättern errichtet, wurde es 1702 von aus Carolina kommenden Engländern zerstört. Der erste Bewohner, von dem man bis heute Genaueres weiß, war **Tomàs Gonzales y Hernandes**, der bis 1763, dem Beginn der englischen Besatzung, hier lebte und sich dann, wie viele seiner Landsleute, nach Kuba zurückzog. Die Witwe eines englischen Majors verkaufte das Haus 1788 wieder an die Spanier, von da an blieb es 100 Jahre im Besitz der Familie **Alvarez**, einer Patrizier-Dynastie. Seit 1918 ist das Haus in Besitz der **St. Augustine Historical Society**.

Das **Oldest Store Museum**, 4 Artillery Road, versetzt einen beim Besuch ins 19. Jahrhundert zurück. Hier gibt es so ziemlich alles, was man damals zum Leben brauchte: Von Seife und Medikamenten über Gewürze und Lebensmittel bis hin zur guten, alten Flanellhose und Urgroßmutters Korsett. Interessant sind auch die alten Werbeplakate an den Wänden.

Nordflorida

COLIBRI GEHEIMTIP

Im Oktober findet die **Handwerksmesse** statt, eine der ältesten und schönsten Messen des Landes.

Das **Zorayda Castle,** 82 King Street, ist eine Nachbildung von Granadas Alhambra – ähnlich dem Tampa Bay Hotel. Sehenswert ist hier die Dokumentensammlung über das Leben der maurischen Könige in Andalusien. Außerdem ist eine Dokumentation der spanischen Besatzungszeit und verschiedene ägyptische Kunstschätze zu besichtigen.

„Ansehen und staunen", lautet die Devise auch für das **Ripley's Believe-it-or-not Museum,** 19 San Marco Avenue. Es beherbergt eine riesige Anzahl von Kuriositäten und Kunstschätzen aus aller Welt, die Robert Ripley Zeit seines Lebens angesammelt hatte.

Einer der größten Anziehungspunkte ist das **Castillo de San Marcos,** 1 Castillo Drive, Tel. 829 6500. Auf Anraten der spanischen Regentin Mariana, die die neunfachen Holzwälle um St. Augustin nicht für ausreichenden Schutz hielt, begann man mit dem Bau der Schloßburg im Jahr 1672. Sternförmig wurde der Grundriß angelegt, seine Mauern immer wieder verstärkt – ein uneinehmbares Fort. Im Zuge des „Friedens von Paris" 1763 wurde das Castell, gegen das sie immer wieder umsonst anrannten und ganz St. Augustin den Engländern übergeben – im Austausch gegen Havanna/ Kuba. Als die Amerikaner die Macht übernahmen, wurde es zum Gefängnis, um aufrührerische Seminolen einzusperren – so auch die berühmten Häuptlinge **Osceola** und **Coacoochee,** die man während Friedensverhandlungen gefangensetzte. Trotz aller Sicherheitsmaßnahmen konnte Coacoochee mit zwanzig Gefolgsleuten dem **Fort Marion,** wie es von den Amerikanern umgetauft wurde, entfliehen.

1900 wurde das Fort entwaffnet, 24 Jahre später zum Nationalmonument

Oldest Store Museum

Nordflorida

COLIBRI GEHEIMTIP Unbedingt besuchen sollte man das **Lightner Museum** (King- Ecke Cordova Street), das im früheren, 1888 von Flagler errichteten Alcazar-Hotel untergebracht ist. Ein Gebäude, das dem Alcazar (= maurische Burg) von Toledo entspricht. Es wurde während der „großen Depression" in den Konkurs getrieben und 1947 von dem Chicagoer Verleger **Otto Lightner** aufgekauft. Er brachte hier seine zahlreichen Kunstsammlungen unter – Musikinstrumente, Puppen, Porzellan, wunderbare Glasarbeiten aus Frankreich, England, Italien. Aber auch herrliche Möbel, darunter ein Empire Schreibtisch, das Geschenk Napoleons I. an seinen Bruder Louis und sogar eine ägyptische Kindermumie, mehr als 4000 Jahre alt, ist hier zu finden.

erklärt und 1942 erhielt es seinen ursprünglichen, spanischen Namen zurück. Heute gibt es nicht mehr viel darin zu sehen, doch den Blick auf St. Augustine sollte man unbedingt genießen.

Weitere Sehenswürdigkeiten sind der **Fountain of Youth,** ein Archäologie-Park (155 Magnolia Avenue und das Kloster **Mission Nombre de Dios** (Old Mission Road). Hier wurde 1565 die erste Messe gelesen. In **Potter's Wax Museum,** 17 King Street, befindet man sich in Gesellschaft von Karl dem Großen, Häuptling Osceola, dem Sänger Rudolfo Valentino und etwa 150 anderen Persönlichkeiten – quer durch alle Lebens- und Legendenbereiche.

Östlich der Stadt, an der A1A, nach der **Bridge of Lions,** eine der schönsten Steinbrücken der USA, kommt man nach **Anastasia-Island** und **St. Augustine Beach.** Hier liegt, ein Stück südlich, eine Alligator-Farm, die älteste Floridas (Geöffnet 10–18 Uhr, Schalterschluß 17 Uhr, Tel. 824 3337). Für Schlangen- und Krokodilfans das Höchste, anderen läuft's eiskalt den Rücken rauf und runter. Auf schmalen Holzbrücken geht's über Sümpfe, in denen es von Krokos nur so wimmelt – wahrhaft beeindruckend, auch die Shows. Gänsehauteffekt ist garantiert!

Im historischen Viertel gibt es verschiedene Restaurants, die zu empfehlen sind. Ein spätes Frühstück nimmt man am besten in der **„Denoel French Pastry"** zu sich (212 Charlotte Street, Mo.–Sa. 10–17 Uhr geöffnet), lunchen können Sie in der **„Spanish Bakery"** (42 St. George Street, täglich bis 15 Uhr geöffnet) – hier müssen Sie unbedingt das Brot probieren ! – oder im „Café Aviles" (Aviles Street Ecke Artillery Lane, täglich bis 16 Uhr geöffnet) – bestellen Sie „Today's Special" – das Tagesgericht. Ihr Dinner luxuriös in alter Umgebung genießen können Sie im **„Monk's Vineyard",** 56 Saint Georges Street, Tel. 824 5888, geöffnet 11– 21.30

Krokodile

Nordflorida

Uhr, oder im „**Raintree**", 102 San Marco Avenue, Tel. 824 7111. Besonderer Service: Wenn's spät wird, bringt man Sie zum Hotel zurück.

Einen letzten Drink – oder auch den Aperitif – sollten Sie im „**Scarlett O'Hara's**" (70 Hypolyta Street, bis 1 Uhr früh geöffnet. Tel. 824 6535) bestellen. Echte Südstaatenatmosphäre, Veranda und Schaukelstuhl inbegriffen. Romantisch ist es auch in der „**Mill Top Tavern**" (19 St. George Street, bis 24 Uhr, manchmal bis 1 Uhr geöffnet). Bei den Klägen alter Balladen genießt man hier seinen Drink im ersten Stock einer restaurierten Mühle.

An Bord der **Victory II** ist eine organisierte Stadtrundfahrt durchaus reizvoll – wenn einem der Seewind um die Nase bläst, sind die vielen Leute angenehmer. Die Fahrt dauert etwa 1 Std. 15 Min., abgelegt wird ab 9 Uhr an der Municipal Yacht Pier, (Scenic Cruise, Höhe Avenida Menendez, Tel. 824 1806).

St. Augustine per Planwagen kann auch ganz lustig sein, vor allem Kinder finden's toll. **St. Augustine Transfere Company**, nahe dem Eingang zum Castillo de San Marcos, täglich von 8.30 bis 18.30 Uhr, Telefon 829 2818.

Lightner Museum

Die zum Teil blutige Geschichte St. Augustines können Sie als dramatisches Schauspiel im **Amphitheater** erleben. „Cross and Sword", geschrieben von Paul Greene, ist ein Stück, das vom Staat Florida organisiert wird. (A1A, südlich von St. Augustine, Aufführungszeiten: jeden Abend, außer sonntags, von Mitte Juni bis Mitte August. Informationen und Reservierungen unter Telefon 471 1965).

Tallahassee 11

US 10 Jacksonville – Tallahassee, ca. 253 km, FL 19/27/98 Tampa – Tallahassee, ca. 361 km, US 75/FL 441 Orlando – Tallahassee, ca. 375 km. Greyhoundbusverbindungen. Telefonvorwahl 905. Tallahassee Convention & Visitors Bureau, 100 North Duval Street, Tel. 224 8116. Geöffnet Mo.–Fr. 8.30–17 Uhr.

Inmitten von Hügeln liegt Tallahassee, die **Hauptstadt Floridas,** bei der man sich durchaus noch das Zeitalter der Plantagen vorstellen kann. Weiträumig, mit zahlreichen Gärten und mit einer eher ruhigen Atmosphäre. Eine Stadt, die in der Hauptsache administrativen Aufgaben nachkommt, abgesehen von einer kleinen Holz- und

COLIBRI GEHEIMTIP

Machen Sie abwechslungsweise eine Wanderung durch den **Apalachicola National Forest,** südwestlich von Tallahassee. Informationen und Tips, auch für eine Exkursion mit dem Auto, erhalten Sie im Ranger District Office of the Apalachicola National Forest, an der Haupteinfahrt, Tel. 926 3561.

Nordflorida

COLIBRI GEHEIMTIP Wenn irgend möglich, sollte man eines der vielen Feste besuchen: Palmsonntag wird die Fischfangflotte gesegnet, am 3. Samstag im Juni findet in Erinnerung an die Spanier die "spanische Nachtwache" **(Spanish Night Watch)** statt, Mitte August ein **Straßenfest** zu Ehren der Stadtgründung – die "Spanischen Tage". Tolle Kostüme, Teilung des Geburtstagskuchens, Musik, Schauspiel und alles, was dazugehört. Im November wird die **Kunst- und Handwerksmesse** abgehalten, und am 3. Dezember ein **Fackelzug** durch die Straßen von St. Augustine organisiert.

Papierindustrie, um die zahllosen Verlage und Druckereien mit Material einzudecken. Tallahassee ist eine junge Stadt. Erst 1823 wurde beschlossen, einen völlig neuen Verwaltungssitz zu bauen – das Resultat von Quereleien zwischen den zwei damals bedeutendsten Städten: Pensacola und St. Augustine.

Gouverneur **William Duval** beauftragte zwei Architekten mit den Bauplänen: **W. M. Simmons** aus St. Augustine und **John Lee Williams** aus Pensacola. Zwei Jahre später waren die Pläne fertig: eine symmetrische Anlage rund um das Kapitol, vier große Plätze, breite, großzügige Straßen. Im gleichen Jahr begann der Verkauf der Stadtparzellen und die ersten Gebäude entstanden. 1826 wurde das Kapitol, damals noch aus Holz, errichtet und Tallahassee durch den Umzug von Regierung und Parlament de facto zur die Hauptstadt.

Wer sich Infomaterial im Fremdenverkehrsamt holt, sollte sich das Haus genauer ansehen: **"The Columns"** heißt dieser elegante, dreistöckige Bau. In seinem Inneren sind schöne, alte Möbel einen Blick wert.

Das **Kapitol,** das mit seinen 22 Stockwerken und der weiten Kuppel alle anderen Gebäude überragt, gehört zu den Hauptsehenswürdigkeiten der Stadt (South Monroe Street/Apalachee Parkway, Tel. 488 6167, Führungen Mo.–Fr. 8.30 – 16.30 Uhr, Sa.–So. ab 9 Uhr). Das neoklassizistische Gebäude wurde in seinen Grundzügen 1845 fertiggestellt, 1902 vergrößert, 1921/22 baute man die Seitenflügel Ost und West an, 1939 den Nordflügel und 1947 folgte schließlich der Südflügel. Ganz in der Nähe, 700 North Adams Street, liegt das Haus des Gouverneurs (Governor's Manion), Sitz des ersten Magistrats von Florida. Der Eintritt ist frei.

Wer die Park Avenue, gesäumt von schön restaurierten Häusern aus dem 19. Jahrhundert, hinunterschlendert, kommt zur **First Presbyterian Church** (Ecke Adams Street. Mo.–Fr. 8.30– 16.30 Uhr, Sa. bis 12 Uhr geöffnet). Die presbyterianische Kirche, die älteste von

Spanischer Hut

Nordflorida

Tallahassee, wurde 1832 gebaut. Nach dem Bürgerkrieg wurde sie ein Versammlungsort farbiger Gläubiger. Im zwanzigsten Jahrhundert wurde sie ihrer religiösen Bedeutung beraubt: Inzwischen dient sie als Galerie.

Einen Besuch wert ist auch das **„Museum of Florida History"** (500 South Bronough Street, Tel. 488 1484, geöffnet Mo.–Fr. 9–16.30 Uhr, Sa. ab 10 Uhr, So. ab 12 Uhr). Es zeigt archäologische und historische Exponate, wie beispielsweise Goldfunde der spanischen Eroberer oder Tierskelette.

Im Westen der Stadt liegt die **Florida State University** (Tennessee Street, Tel. 644 3246). Sie kann nach Voranmeldung (einen Tag zuvor) besichtigt werden. Die Universität ist gleichzeitig Sitz der Oper und des staatlichen Symphonieorchesters.

Theater und Schauspiel trägt das **Mac Arthur Center for American Theater** Rechnung, der bildenden Kunst eine ebenfalls auf dem Gelände befindliche Galerie.

Interessanter ist jedoch das **Tallahassee Junior Museum**, 3945 Museum Drive. Das 20 Hektar große Gelände erstreckt sich am Ufer des **Bradford Sees.** Naturpfade leiten einen durch Wald und Sumpfgebiete, man sieht – originalgetreu errichtet – einige Farmhäuser und Plantagenbauten sowie den Nachbau des 1826 errichteten ersten Kapitols. Eine weitere Attraktion des Geländes ist das Schutzgebiet für Florida-Panther und andere ansässige Raubtiere und Reptilien.

Eine weitere Sehenswürdigkeit in der Umgebung Tallahassees ist das **Natural Bridge State Historic Memorial,** ca. 16 km südlich über die US 319 erreichbar. (Tel. 925 6216, täglich von 8– 17 Uhr geöffnet.) Der Park ist der Erinnerung an den Bürgerkrieg gewidmet, hier sollen einst die Truppen der Konföderierten die Unionstruppen aufgehalten und an der Einnahme der Hauptstadt gehindert haben. Außerdem bietet sich ein ungewöhnliches Naturschauspiel: Eine natürliche Brücke aus einem ausgewaschenen Felsen führt über den kleinen Saint Marks River.

Wer allmählich im Laufe seines Florida-Aufenthaltes keinen Fisch mehr sehen kann, ist in Tallahassee gerettet. Hier gibt es Wildgerichte vom Feinsten. Empfehlenswert ist beispielsweise der **„Golden Pheasant"** im **„Governors Inn"**, 209 South Adams Street, Tel. 681 6855. Das „Governors Inn" eignet sich auch für Übernachtungen, jedes Zimmer ist mit Kamin ausgestattet.

COLIBRI GEHEIMTIP In den **Maclay State Gardens,** ca. 8 km nördlich von Tallahassee an der Thomasville Road 3540, kommen Blumenliebhaber auf ihre Kosten. Ein New Yorker Geschäftsmann legte diesen Garten 1923 an, er pflanzte vor allem seine Lieblingsblumen: **Magnolien, Azaleen und Kamelien.** Im angrenzenden See besteht die Gelegenheit zum Baden, Boot fahren und Angeln, Picknickplätze sind ebenfalls reichlich vorhanden. (Tel. 893 4232, täglich von 8–17 Uhr geöffnet.)

Eine sehenswerte Galerie ist die **Moyne Art Foundation,** mit teilweise sehr beeindruckenden wechselnden Ausstellungen zeitgenössischer Künstler Floridas und Georgias (125 North Gadson Street, Telefon 222 8800, geöffnet Di.–Sa. 10–17 Uhr, So. ab 14 Uhr).

Zentralflorida

Kunst und Kultur

- ④ Melbourne C5
- ⑥ St. Petersburg D2
- ⑦ Sarasota D/E 2
- ⑧ Tampa C2

Sehenswürdigkeit

- ① Cape Canaveral B/C 5
- ⑤ New Smyrna Beach A4
- ⑩ Titusville B4

Erlebnis

- ② Cocoa Beach C5
- ③ Fort Pierce D5
- ⑨ Tarpon Springs C2

Zentralflorida

Cape Canaveral

Floridas „Mitte" ist gepägt durch eine Seenplatte, die sich nördlich der **Charlotteglades** bis **Gainsville** zieht. Wegen seiner landschaftlichen Schönheit ist dieses Gebiet auch am meisten bevölkert, sieht man von der Miami Area einmal ab. Besonders dicht gedrängt sind die Orte um den Großraum Tampa und St. Petersburg, um Lakeland und um einen der Hauptanziehungspunkte Floridas: **Orlando.** Entsprechend ist Zentralflorida eher eine Region für Stadtbesichtigungen – im Gegensatz zum Süden, wo den Besucher eine relativ unberührt gebliebene Natur fasziniert.

Cape Canaveral 1

US 1 / 95 Melbourne – Titusville, dann SR 405 zum J.F. Kennedy Space Center. Von Orlando: Beeline Expressway oder Greyhound Busverbindung. Visitor's Information Center am Haupteingang „Spaceport USA", geöffnet: 9–20.30 Uhr, Tel. 452 2121.

„Bevor dieses Jahrzehnt zu Ende ist, wird der Mensch auf dem Mond spazierengehen und sicher zurückkehren", erklärte **John F. Kennedy** 1961. Dies war der Beginn eines neuen Kapitels in der Geschichte der Vereinigten Staaten: die Eroberung des Weltraums. Nachdem die frühere UdSSR bereits 1957 den ersten künstlichen Satelliten und 1961 das erste bemannte Raumschiff in den Weltraum geschickt hatte, konnte 1969 die USA – bisher immer ein Schrittchen hinter der UdSSR – einen riesigen Erfolg verzeichnen. Am 21. Juli 1969, um 5.30 mitteleuropäischer Zeit, setzte **Neil Armstrong** als erster Mensch seinen Fuß auf den Mond – gefolgt von **Edwin B. Aldrin** und **Michael Collins.** Drei Tage später landete die **Apollo 11** wieder sicher auf der Erde, wenn auch 400 km vom vorhergesehenen Ort entfernt. Ihre Astronauten wurden die Helden des Jahrhunderts. 1975 arbeiteten Amerikaner und Russen gemeinsam am Weltraum-Rendezvous von **Apollo** und **Soyouz**, das Jahr darauf wurde die erste Sonde zum Mars geschickt. In den 80er Jahren folgten weitere bemannte Raumflüge mit der **Challenger,** 1986 überflog die vom Cape Canaveral abgeschossene Sonde **Voyager 2** den Uranus. Im gleichen Jahr passierte jenes Unglück, das die Entwicklung der bemannten Raumfahrt vorläufig zum Erliegen brachte – die grausigen Bilder der explodierenden Challenger-Raumfähre, mit 7 Personen an Bord, dürften fast jedem noch vor Augen sein.

Heute sind die stählernen Gestänge der Abschußrampen zu besichtigen, die Cape Canaveral zu einem einzigartigen **Museum für Raumfahrttechnik** gemacht haben.

Zentralflorida

COLIBRI GEHEIMTIP

Im „**Galaxy Center**" kann man sich den berühmten Film „**Blue Planet**" (der blaue Planet) mit Bildern der Erde, die man so noch nie gesehen hat und den ungeheuer beeindruckenden Streifen „**The Dream is Alive**" (der Traum ist lebendig), der die Geschichte der Weltraumfähren auf einem riesigen Bildschirm wiedererweckt, anschauen. Man sollte diese Filme keinesfalls verpassen.

Nicht weit vom Spaceport-Haupteingang präsentiert die „**Gallery of Space Flight**" Modelle, Dokumente, Raketen- und Maschinenteile, eine Apollo-Kabine und sogar einen echten Mond-Stein.

Am **Spaceport** werden zwei Besichtigungstouren angeboten: eine Blaue (hochtechnisch) und eine Rote. Dauer etwa zwei Stunden, die Wartezeit ist mindestens genausolang und die interessantesten Stellen werden nicht besucht. Dafür aber ein Hangar, verschiedene Raumfähren, ein Kontrollzentrum und anderes. Das Interessanteste ist das „**Vehicel Assembly Building**", das zur Vorbereitung der Mondflüge gebaut wurde. Für dieses voluminöse Gebäude mußte ein besonderes Ventilationssytem eingerichtet werden, da sich um die 164 Meter hohe Plattform immer wieder Wolken bildeten. Wer nicht gut englisch spricht, um den Erklärungen folgen zu können, sollte sich auf den Besuch vom Spaceport beschränken.

Der benachbarte Hafen **Port Canaveral** erwachte ebenfalls in den 60er Jahren aus seinem Dornröschenschlaf. Hier liegen die **Bergungsschiffe der NASA**, die nach jedem Start eines Raumtransporters die an Fallschirmen abgeworfenen Feststoffraketen aus dem Meer fischen und zurück nach Port Canaveral schleppen, wo sie für einen neuen Flug vorbereitet werden. Doch nicht nur NASA-Schiffe, auch Kreuzfahrtschiffe ankern hier, was dem Hafen ein internationales Gepräge verleiht. Entlang der 250 m langen Mole kann gefischt werden, was die Amerikaner mit Begeisterung tun.

Wer Lust auf eine Mini-Kreuzfahrt hat kann in Port Canaveral an Bord der „**Sea Escape**" gehen, die zu Tages- und Mehrtagesausflügen Richtung Bahamas startet. Die Preise sind relativ günstig.

Cocoa Beach 2

US 1 – A 1 A (mautpflichtig), Merrit Is-

Astronauten-Anzug

Zentralflorida

land, ca. 25 km südlich von Cape Canaveral.

Cocoa Beach ist ein schöner Badeort mit herrlichen Stränden, auf einer Landzunge der Insel **Merrit Island** westlich vom Banana River und östlich vom Atlantik gelegen. Auf allen Seiten von Wasser umgeben, eignet sich Cocoa Beach hervorragend zum Ausspannen nach dem Besuch des **J.F. Kennedy Space Centers.** Hier verbrachten auch die Astronauten ihre letzte Nacht vor dem Start. Alles in allem ist die Umgebung von Cocoa Beach ein Paradies für Strandläufer, Angler, Vogel- und Naturfreunde.

Schick (und entsprechend teuer!) ißt man im Hotel „**The Inn at Cocoa Beach**", 4300 Ocean Beach, Telefon 799 3460. Erfrischen Sie sich anschließend im Swimming Pool!

Fort Pierce 3

US 1, Palm Beach – Melbourne, ca. 94 km nördlich von Palm Beach.

Hier beginnt die „**Space Coast**" Floridas, die Weltraum-Küste. Ursprünglich wurde Fort Pierce 1837 als Garnisonsstadt von der amerikanischen Armee gegründet, heute ist die 35.000 Einwohner zählende Stadt Hauptort des **Saint Lucie Counties.** Überquert man auf der A1A, dem „**Astronaut Trail**", den Indian River, erreicht man die **Fort Pierce Inlet State Recreation Area,** ein schönes Erholungsgebiet, und in südlicher Richtung die **Hutchinsons Islands.**

Nördlich kommt man auf der schmalen Landzunge zwischen Indian River und Atlantik zum **Pepper Beach, Vero Beach, Winter Beach** und schließlich nach **Sebastian.** Hier können im Vogelschutzgebiet Pelikane beobachtet werden.

Melbourne 4

US 95, West Palm Beach – Titusville.

Melbourne, Hauptort des **Brevard Counties,** hat sich mit seiner Technischen Universität einen ausgezeichneten Ruf erworben und sich im Zuge der wirtschaftlichen Entwicklung der Space Coast zum Kulturzentrum der mittleren Ostküste Floridas gemausert. Man sollte einen Blick in das **Brevard Art Center and Museum,** 1463 North Highland Avenue, werfen, das gleichzeitig ein Zentrum für Kunsterziehung ist.

Wer sich mehr für Musik und Tanz interessiert, geht zu einem Konzert des **Brevard Symphony Orchestras,** 1500 Highland Avenue, oder besucht die **Dance Community of Brevard,** 817 East Strawbridge Avenue. Hier ist auch das **Theater of Florida** zu finden.

Pepper Beach

Zentralflorida

Pelikan

New Smyrna Beach 5

US 1 Titusville – Daytona Beach, ca. 54 km nördlich von Titusville. Telefonvorwahl 904. Greater New Smyrna Beach Chamber of Commerce, 115 Canal Street, Tel. 428 2449.

Der Badeort New Smyrna Beach besitzt eine für Florida ganz besondere Sehenswürdigkeit: die Ruine einer alten Zuckermühle, die **New Smyrna Sugar Mill Ruines State Historic Site,** Riverside Drive, Telefon 428 2126. Sie ist täglich von 9–12 Uhr und 13–17 Uhr zu besichtigen. Interessant ist das Baumaterial des um 1830 errichteten Gebäudes: „**coquina**", eine Steinart, die in der Hauptsache aus Sand und Muschelteilen besteht. Die Mühle wurde während der Indianerkriege zerstört. Etwas weiter nördlich, in Höhe der Canal Street, steht das „**Old Fort**", das – ebenfalls aus coquina – im 17. Jahrhundert von den Spaniern errichtet wurde.

Berühmt für seine hervorragenden und überaus wohlschmeckenden Fischgerichte ist das „**Red Snapper Seafood House**", 725 3rd Avenue, Tel. 428 3213.

Saint Petersburg 6

US 41 – Sunshine Skyline Bridge (US 275) Sarasota – St. Petersburg, oder US 275 / Fl 92 Tampa St. Petersburg. Vorwahl 813. St. Petersburg Area Chamber of Commerce, 100 2nd Avenue North, Tel. 821 4715; St. Petersburg Beach Area Chamber of Commerce, 6990 Gulf Bvd, Tel. 360 6957; Suncoast Welcome Center, 2001 Ulmerton Road, Tel. 576 1449 und an „The

COLIBRI GEHEIMTIP In der Umgebung von **Melbourne Beach** kann man im **Indian River** Forellen angeln. Das Gebiet ist als eines der besten Fischgründe bekannt – fragt sich nur wie lange noch, da täglich hunderte von Autofahrern anhalten, sich ihr Mittag- oder Abendessen holen und es anschließend an einem der vielen Picknickplätze braten.

Zentralflorida

London Wax Museum

Pier", 800 2nd Av. North East, Tel. 893 7275.

Ein bedeutender Badeort, nur der Name paßt nicht ganz. Den bekam er 1885 von **Peter Demens,** der ihn nach seiner Geburtsstadt taufte. Umso treffender ist der Beiname: "Sunshine City" – die Stadt der Sonne, die hier an 360 Tagen im Jahr scheinen soll. Die Stadt ist geprägt von Hotels, Cafétérias, Supermärkten und grellbunten Farben. Das ausnehmend gute Wetter verhalf Saint Petersburg bereits um 1885 zu einer Art Tourismus: In diesem Jahr erklärte die Amerikanische Medizinische Gesellschaft (American Medical Society) das Klima der Gegend nämlich als das beste und gesündeste Floridas. Entsprechende Anziehungskraft hat der Ort bis heute auf alle, die weniger angenehmen Klimazonen entfliehen wollen. Saint "Pete", wie die Stadt von den Bewohnern genannt wird, und das umgebende **Pinellas County** haben jährlich über 1,5 Millionen Besucher.

Am lebendigsten ist St. Petersburg an der **Pier Place.** Hier steht ein außergewöhnlicher Ladenkomplex in Form einer auf den Kopf gestellten Pyramide – umgeben von Bootsanlegeplätzen, Strandpromenade, Boutiquen und Restaurants.

Hauptanziehungspunkt Saint Petersburgs ist jedoch das **Dali Museum,** 1000 3rd Street South, Tel. 823 3767, geöffnet: Di.–Sa. 9.30 bis 17.30, So. ab 12 Uhr. Bis 1990 war es das größte Dali-Museum der Welt, dann wurde es von dem erweiterten Dali-Museum in dessen Geburtsort Figueras im spanischen Katalanien überrundet. Doch noch immer besitzt das Museum in Saint Petersburg mit mehr als 200 Bildern Salvador Dalis die weltweit größte private Sammlung. 1942 wurde der in den Staaten lebende Dali von dem reichen Clevelander Industriellenpaar Morse "entdeckt". Ihre Sammlung umfaßt Werke aus allen Lebens- und Kunstphasen des Malers (1904 –89): über Frühwerke, klassische Skulpturen und Malereien bis zu den Meisterwerken des Surrealismus.

Nicht übersehen sollte man auch das **"Museum of Fine Arts",** 255 Beach Drive North East, Tel. 896 2667, geöffnet Di.–Sa. 10–17 Uhr, So. ab 13 Uhr. Der Eintritt ist frei, eine Spende jedoch zu empfehlen. Dieses "Museum der Schönen Künste" beherbergt eine reichhaltige Sammlung europäischer Malerei vom 15. Jahrhundert bis zur Gegenwart, sowie indianische Skulpturen, chinesische Malerei, Möbel und Geschirr.

Auch das **Hass Museum,** 3511 2nd Avenue (Tel. 327 1437, geöffnet 10 –17 Uhr, So. ab 12 Uhr,

Zentralflorida

Mo. geschlossen) ist einen Besuch wert: hier erlebt man, altes Handwerk – vom Schmied über den Zahnarzt, den Frisör, den Koch zu vielen anderen.

Ein wenig kurios ist das **Saint Petersburg Historical Museum,** 335 2nd Av. NE. Es zeigt unter anderem die Totenmasken verstorbener Persönlichkeiten, eine über 3000 Jahre alte Mumie sowie zahlreiche Muscheln aller Größen und Formen aus der Umgebung oder anderswo her. Geöffnet täglich 11–17 Uhr, sonntags ab 12 Uhr, Tel. 894 1052.

In Saint Petersburg Beach ist das **„London Wax Museum",** 5505 Gulf Boulevard, tägl. von 9–22 Uhr, Sonntag ab 12 Uhr geöffnet. Gut 100 lebensgroße Wachs-Figuren berühmter amerikanischer Persönlichkeiten sind hier zu sehen, darunter auch Michael Jackson. Dazu gibt es ein „Horror Chamber" und – für zartere Nerven – einen Märchenwald.

Wer nach dem „Besichtigungsstreß" baden will, fährt am besten nördlich über die US 275 Richtung Gulfport, Treasure Island, Madeira Beach, Redington und Indian Rocks Beach. Hier sind die Strände jedenfalls etwas leerer.

Mit Kindern, die sich für Technik

 **COLIBRI GEHEIMTIP** Einen Besuch wert sind die „versunkenen Gärten Floridas", 1825 4th Street North, täglich von 9 Uhr bis Sonnenuntergang geöffnet. Die **„Sunken Gardens"** entstanden anfang der 20er Jahre auf Initiative eines Privatmannes, der einen kleinen See ausbaggern ließ und den fruchtbarten Schlamm zur Anlage seines kleinen tropischen Paradieses nutzte. Erholen Sie sich inmitten eines **Blütenmeeres** tropischer und subtropischer Pflanzen, zwischen denen großzügige Vogelvolieren untergebracht sind.

begeistern, sollte man unbedingt das **„Science Center of Pinellas County"** besuchen. (7701 22nd Av. North, Tel. 384 0027, Mo.–Fr. von 9–17 Uhr geöffnet, Eintritt frei.) Der Nachwuchs kann hier seine eigenen Experimente und Erfahrungen machen, die Eltern sind freilich auch willkommen.

Das **„Planetarium"** 6605 5th Av. North, auf dem Campus des Saint Petersburg Junior College ist in diesem Zusammenhang sicher auch interessant.

Polynesische Träume werden in den **Tiki–Gardens** (196th Av. / Gulf Bvd. an den Indian Shores) wahr. Gärten, Tänze, Musik, Restaurants, Geschäfte laden ein, in der Hauptsaison herrscht allerdings ziemlicher Rummel.

New Yorks heftigste Konkurrenz: die **St. Petersburg Original Oyster Bar,** 4200 South 34th Street. Tel. 867 9231. Sie kann ihrem New Yorker Pendant auf jeden Fall das Wasser reichen, ist eigentlich fast

Madeira Beach

Zentralflorida

noch besser. Die Preise entsprechen der Qualität. Für die, die keine Austern mögen – wie wär's mit Langusten?

Es werden Hafenrundfahrten angeboten. Infos unter Tel. 462 2628, außerdem Stadtrundfahrten im **"Scenic Bus"**: Tel. 893 RIDE.

Sarasota 7

US 75 oder US 41 Fort Myers – St. Petersburg; ca. 132 km nordwestlich von Fort Myers. Greyhound-Busverbindung, Flugverbindung mit Miami. Telefonvorwahl 813. Sarasota Convention & Visitor's Bureau, 655 North Tamiami Rail, Tel. 957 1877, täglich von 9–17 Uhr geöffnet. In der Nebensaison sonntags geschlossen.

Sarasota entspricht heute noch ungefähr dem, was man vor einigen Jahrzehnten als Sommerfrische verstand – morgens und abends ein Bad, eine erholsame Siesta während der heißen Stunden des Tages, nachmittags Tee, Bridge oder etwas Kultur, vielleicht ein Spaziergang unter Palmen oder Eukalyptusbäumen der Corniche ... Diskreter Luxus zu entsprechendem Preis und ansprechender als das etwas "overdressde" Palm Beach. Angeblich soll hier **Ponce de Leòn** mit seinen Schiffen gelandet sein und – überwältigt von der Schönheit der Halbinsel – zur Eroberung Floridas aufgerufen haben.

Sarasota rühmt sich noch immer, die heimliche "Kulturhauptstadt" Floridas zu sein. Sein **Asolo–Theater** genießt weit über die Grenzen des Bundesstaates hinaus einen guten Ruf, daneben finden auch Filmfestivals und Dichterlesungen statt. Sarasota soll die

COLIBRI GEHEIMTIP

St. Petersburg ist eine Stadt der Feste. Super ist das **"Renaissance Festival"** im März mit Originalkostümen und die **"Southern Ocean Racing Conference"** im Februar, eine der schönsten und größten Segelregatten der Welt. Infos: im Chamber of Commerce und allgemeine Tagestips unter Tel. 893 75000.

Stadt der Intellektuellen, der Künstler und Schriftsteller sein. 1927 wählten die berühmten Zirkusbesitzer John and Mable Ringling die Stadt zu ihrer Residenz, errichteten einen wunderschönen venezianischen Palast und eine umfangreiche Kunstsammlung. Nach ihrem Tod ging das Anwesen mit Haus und Sammlung in Staatsbesitz über – beides ist heute Teil des **Ringling Museum of Art** Komplexes (5401 Bay Shore Road, Tel. 355 5101. Geöffnet täglich von 10–17.30 Uhr, mittwochs bis 22 Uhr). Der Palast im Stil der italienischen Renaissance wurde binnen eines Jahres erbaut und mit über 500 Werken europäischer Künstler ausgestattet. Arbeiten der deutschen Renaissance, der flämischen Malerei des 17.

Jungle Gardens

Zentralflorida

Jahrhunderts, der Venezianischen Schule der Renaissance, des französischen Klassizismus, den „goldenen" spanischen Zeitalters und vieles mehr sind hier vertreten – Rubens, Lucas Cranach, Greco, Velasquez, Gainsborough, um nur einige der berühmten Namen zu nennen. Sehenswert sind auch die Fayencen und die Silbersammlung, außerdem der herrliche Garten: auf 28 Hektar wachsen hier 400 zum Teil selte Pflanzenarten.

Dem Komplex angeschlossen ist die „**Art Gallery**" in einer von einheimischen Künstlern errichteten Villa, in der Ausstellungsstücke aus dem Barock zu sehen sind. Interessant ist auch die „**Circus Gallery**" des Museums, die sich mit der Zirkusgeschichte und der des „fahrenden Volks" über Jahrhunderte hinweg befaßt. Alte Kostüme, Photos, Poster, Dokumente, sogar Wägen sind hier ausgestellt.

Eine weitere „Berühmtheit" des Komplexes ist das **Asolo Theater,** im 18. Jahrhundert in Asolo bei Venedig errichtet, 1949 hier wieder aufgebaut und heute Aufführungsort klassischer Theaterstücke.

Das „**Mote Marine Laboratory**", 1600 Ken Thompson Parkway,

Papageien

könnte interessant für all diejenigen sein, die noch nicht in Sea World waren. In schönen Aquarien sind hier Fische, Haie und Schildkröten zu sehen. Täglich 10–17 Uhr.

3 km südlich des Flughafens, 3701 Bayshore Road, liegen die „**Sarasota Jungle Gardens**" (Tel. 355 5305, geöffnet von 9–17 Uhr). Palmen und tropische Pflanzen, Flamingos, Papageien, Kraniche und andere wilde Tiere kann man hier beobachten und, wer möchte, auch eine Unterhaltung mit einem Kakadu versuchen – auf englisch natürlich.

25 km östlich von Sarasota (FL 72) liegt der **Myakka River State Park,** ein riesiger Naturschutzpark, den man entweder per Boot und Zug auf Führungen oder individuell per Leihfahrrad besichtigen kann (Telefon 924 1027). Wildschwei-

COLIBRI GEHEIMTIP Im Geschäftsviertel Sarasotas liegt eine Kuriosität: „**Bellm's Cars & Music of Yesterday**", 5500 North Tamiami Trail. Über 170 alte Autos, das älteste von 1897, sogar ein paar Käfer sind hier zu bewundern, außerdem Musikboxen, ein ländlicher Kaufladen, Pferdestall und Schmiede. Täglich von 8.30 (sonntags ab 9.30) bis 18 Uhr geöffnet.

Zentralflorida

Strand bei Tampa

ne, Damwild, Truthähne und andere Tierarten leben hier frei, weshalb man gut beraten ist, die Wege nicht zu verlassen.

Amerikanische Küche in leicht extravaganter Atmosphäre mit Relikten aus dem 2. Weltkrieg gibt es im **306th Bomb Group**, 6770 N Tamiami Trail, Tel. 355 2313, geöffnet bis 21.30 Uhr, freitags und samstags bis 2 Uhr morgens.

Auf einer herrlichen Terrasse über einem Meeresarm kann man im „**Coasters**", südlich von Sarasota (1500 Stickney Point Road) essen – in Gesellschaft von Pelikanen, Möwen, Schwalben und Jazzmusik, Tel. 923 4848, geöffnet von 11.30 bis 1 Uhr.

Wer etwas für die Kultur tun möchte, sollte die vier Galerien besichtigen, die sich zur **Sarasota Art Association** zusammengeschlossen haben. 707 North Tamiami Rail, Tel. 365 2032.

Eine Art Café-Theater ist das „**Golden Apple Dinner Theater**", 25 North Pineapple Avenue. Reservierung unter Tel. 366 5454.

Wechseln Sie Ihr Abendprogramm und besuchen Sie das „**Sarasota Opera House**", 61 North Pineapple Av. Information und Kartenreservierung unter Tel. 953 7030.

Tampa 8

US 75 Sarasota – Tampa, US 275 St. Petersburg – Tampa, ca. 31 km östlich von St. Petersburg. Telefonvorwahl 813. Greater Tampa Chamber of Commerce, 801 East Kennedy Bvd, Tel. 228 7777; Tampa / Hillsborough County Convention & Visitors Association, 100 South Ashley Drive, Tel. 223 1111. Beide Mo.–Fr. 8.30–17 Uhr geöffnet.

Tampa, die drittgrößte Stadt Floridas, besitzt als wichtiger Industrieort alle Vor- und Nachteile einer Großstadt: dichten Verkehr, Hochhäuser, Hektik, Lärm – nicht gerade das, was man erwartet, wenn man zu einem Badeurlaub aufbricht. Die Bevölkerung scheint etwas distanzierter als anderswo, gleichwohl auch dynamischer – sie trägt der rasanten Entwicklung Tampas Rechnung. Die Stadt besitzt inzwischen den siebtgrößten Hafen der USA, täglich werden an diesem wichtigen **Verkehrsknotenpunkt** über 50 Millionen Tonnen Ware gelöscht. So wurde Tampa zur Industrie- und Minenstadt, und gleichzeitig, durch seine Nähe zum Hillsborough County, zu einem wichtigen Landwirtschaftszentrum. Doch erst die Eisenbahn machte Tampa zu dem, was es heute ist. Als 1884 die erste Linie von **Henry B. Plant** fertiggestellt wurde, war Tampa nichts weiter als eine kleine Siedlung um Fort Brooke.

Zentralflorida

Plant legte, ebenso wie Flagler an der Ostküste, die Mangrovensümpfe trocken und baute das erste große Hotel – das **Tampa Bay Hotel** im Stil der maurischen Alhambra in Granada. Es wurde später in den Komplex der Tampa University integriert.

1886 begann der aus Key West gekommene Kubaner **Vincente Martinez Ybor** in den ersten Fabriken Zigarren herzustellen, seine Arbeiter, Landsleute, brachte er gleich mit. Heute sind es etwa 3 Millionen Zigarren, die täglich in den Fabriken um Ybor City (Stadtteil zwischen Columbus Drive, 5th Av., 22nd Street und Nebraska Av.) gedreht werden.

In der alten Zigarrenfabrik am **Ybor Square** aus rotem Backstein, Pinien-, Zedern- und Eichenholz sind inzwischen längst Geschäfte, Restaurants und Theater untergebracht, doch der Charme des Gebäudes blieb erhalten. Der Ybor Square ist das Herzstück dieser „Stadt in der Stadt", deren südamerikanischem Flair fast jeder Besucher erliegt. Die schmiedeeisernen Balkone, die schön angelegten Plazas, die romantischen Arkaden und Straßencafés – alles lädt zum Verweilen ein. Gemeinsam mit der Altstadt von **Saint Augustine** gehören die Gebäude von Ybor City zu den wichtigsten historischen Monumenten der Staaten. Entsprechend profitiert das Viertel von einer Art Denkmalschutz, die Gebäude werden laufend restauriert, um den Baustil und das Flair des Viertels zu erhalten.

Im **Ybor City State Museum,** 1818 19th Av., kann man sich über die Geschichte der Zigarrenindustrie informieren. Das Museum ist neben einer 1896 gegründeten Bäckerei, La Joven Francesca Bakery, untergebracht, die bis 1973 in Betrieb blieb. Als das ursprüngliche Gebäude 1922 abbrannte, wurde das heutige gelbe Backsteinhaus um die fünf roten Brennöfen herumgebaut. Kubanisches Brot (Tampa's Latin Loaf) sollte man unbedingt probieren!

Unweit des Kennedy Boulevards am **City Dock** an den Kais kann man das Entladen mittel- und südamerikanischer Bananenschiffe beobachten.

Das **Hillsborough County Historical Commission Museum** (Pierce Street, Tel. 272 5919, geöffnet Mo.–Fr. von 10–16.30 Uhr) im Hillsborough County Gerichtsgebäude zeigt Exponate aus der Geschichte des Counties sowie einige indianische Stücke.

Sehenswerter ist das **Henry B. Plant Museum,** 401 West Kennedy Boulevard (Universitätsgelände, Di.–Sa. von 10–12 Uhr und 13–16 Uhr,

Amerikanischer Lieferwagen

Zentralflorida

sonntags von 14–16 Uhr. Im August geschlossen. Tel. 253 8861, Nebenstelle 345).

Die meisten Austellungstücke stammen aus dem berühmten **Tampa Bay Hotel:** alte Möbel, darunter schöne Schränke und Kommoden, und vor allem die hervorragend gearbeiteten Wedgewood Fayencen, sowie einige abendländische Kunstwerke. Räume der sogenannten „Westlichen Zivilisation", **Western Civilisation Corridor,** können nur auf Anfrage besichtigt werden.

Die **Universität von Tampa,** J. F. Kennedy Blvd., ist wegen ihrer Architektur in Anlehnung an die Alhambra sehenswert und aufgrund ihrer dreizehn Minarette schon von weitem erkennbar. Sie beherbergt heute 2500 Studenten. Auf dem Universitätsgelände steht die **„Soto Oak",** unter dieser Eiche soll Hernando de Soto 1539 einen Friedensvertrag mit den Indianern unterzeichnet haben.

Hooker's Point, am äußersten Ende der 20. Straße. Hier legt die Krabben- und Krebsflotte Tampa's an. Die Schalentierfischerei macht übrigens einen bedeutsamen Teil der Wirtschaft der Stadt aus. Fangfrische Tiere sind ein Hochgenuß, zu probieren in den Restaurants nahe der Pier oder in Ybor City.

Weitere Sehenswürdigkeiten im Stadtbereich: **Cigar Factory,** 3104 North Armenia Av. An Führungen durch die Zigarrenfabrik von Villazon & Co. kann man Mo.–Fr. zwischen 8.30–11.30 Uhr und von 13–15.30 Uhr teilnehmen. Die Geduld und die Genauigkeit der Arbeiter, die die Zigarren zum Teil noch per Hand herstellen, ist beeindruckend!

Safety Village ist ein Kinderparadies. Es liegt im Lowry Park, North Bvd. Ecke West Sligh Av. (täglich von 9–16 Uhr geöffnet, Tel. 935 8814). Im Bambiland können die Kinder Damhirsch-, Rotwild- und Ziegenbabys mit der Flasche füttern, oder sich mit Feuerwehrautos und Miniaturflugzeugen amüsieren. Im Märchenwald finden sich Wachsfiguren aller berühmten Märchengestalten. Der Park ist mit einer kleinen Bahn befahrbar, außerdem gibt es Picknickmöglichkeiten.

Seminole Culture Center, 5221 Orient Road, Tel. 623 3549 (täglich von 10–18 Uhr, So. bis 17 Uhr geöffnet). Indianerkunst- und Kulturgegenstände werden hier gezeigt, die einen guten Eindruck von der Lebensweise der Stämme vermitteln.

Tampa Junior Museum, 1908 Deckle Av., Tel. 877 6604. Nur Februar bis April und September bis November Di.–Do. von 9.30–12 Uhr geöffnet. Sicherheitshalber vorher anrufen! Für Kinder lohnt sich der Ausflug unbedingt, da sie aktiv miteinbezogen werden. Es gibt

Stanleyville

Zentralflorida

Abteilungen für Medizin und Zahnmedizin (welches Kind zieht nicht einmal selbst gern einen Zahn – am Modell natürlich!) und eine Indianerabteilung.

University of South Florida, 4202 Fowler Street, 16 km nördlich von Tampa. Tel. 974 3111. Geöffnet Mitte September bis Mitte August von 8 bis 17 Uhr, sonntags ab 13 Uhr. Die 1956 eröffnete Universität ist mit etwa 300 Studenten die bedeutendste von Tampa. Die verschiedenen kulturellen Ereignisse sind sowohl für Einheimische, wie auch für Touristen interessant. In der Galerie der Bibliothek finden regelmäßig Ausstellungen moderner Kunst statt.

Die **Busch Gardens** sind eine der Hauptattraktionen Tampas, nördlich von Tampa Downtown (3000 East Busch Bvd, über die I-275, Exit 33 erreichbar) gelegen. Auf dem 120 Hektar großen Gelände liegt ein riesiger Afrika-Freizeitpark, eine Mischung aus Zoo und Vergnügungspark, der in

„Tampa Junior Museum"-Besucher

jedem Bereich spannende Unterhaltung liefert: „**Stanleyville**" sorgt für nervenkitzelnde Attraktionen (beispielsweise eine Fahrt mit der „African Queen" zu den Kopfjägern), Tiershows und einen Vogelpark. Den besten Überblick erhält man auf den Einspurbahn-Fahrten, die angeboten werden, ebenso wie durch die „Skyride" (Gondelbahn), oder einer Fahrt mit der Dampflok.

Last not least sollte man auch die Aufführungen im „**Moroccan Palace Theater**" erleben. Per Schiff gelangt man zur „Insel der Abenteuer" (Adventure Island, 4500 Bougainvillean Avenue, Tel. 971 7978). Beide Parks sind täglich von 9.30–18.30 Uhr, im Sommer bis 21.30 Uhr geöffnet.

In Höhe der **Bird Gardens** liegt auch die Anheuser Busch Brauerei – sie ist für Besucher zu besichtigen.

Etwa 8 km südlich von Tampa findet sich das **Suncoast Seabird Sanctuary** (18328 Gulf Bvd., Indian Shores Route 699, täglich von 9 Uhr bis Sonnenuntergang geöffnet, freier Eintritt). Ein Paradies für Photographen und Vogelliebhaber. Wer will, kann sogar ei-

> **COLIBRI GEHEIMTIP** Wer Busch Gardens besichtigt, sollte sich an der Kasse nach Kombinationskarten mit **Adventure Island** erkundigen, sie gelten zwei Tage und sind erheblich billiger. Beide lassen sich auch mit **Sea World** (Orlando) und **Cypress Gardens** (Winter Haven) kombinieren.

Zentralflorida

nen Vogel „adoptieren" – gegen Spende natürlich.

Wenn Sie durch Ybor City schlendern, sollten Sie sich keinesfalls das berühmte **Columbia Restaurant** (2117 East 7th Avenue, Tel. 248 4961) entgehen lassen. 1905 eröffnet, ist es mit 11 Speisesälen eine Attraktion für sich. Dieses älteste und größte spanische Restaurant der Staaten ist mit wunderschönen Azulejos (Kacheln) ausgestattet.

Lateinamerikanische und spanische Küche kann man auch im **„Casa Javier"** zu sich nehmen. 3602 North Armenia Avenue, Telefon 872 7341.

Teuer, aber gut ißt man abends auch in **„Bern's Steak House"** bei Akkordeonmusik (nur unter der Woche). Spezialitäten: „Öko"-Gemüse, garantiert ohne Chemie, Rinderlende und hervorragende Weine.

Ende Februar/Anfang März wird die **Latin Fiesta** gefeiert, am letzten Sonntag im Oktober **„Back to Ybor City"**. Mehr als 200 Menschen und über 300 Künstler treffen sich zu einem riesigen Fest auf dem Ybor Square. Unbedingt mitfeiern, wer gerade da ist!

Tarpon Springs 9

US 275 / US 19 Sarasota – Tarpon Springs; ca. 50 km nordwestlich von Tampa. Vorwahl 813. Greater Tarpon Springs Chamber of Commerce, 210 South Pinellas Av., Suite 120, Tel. 937 6109.

„Die Griechische" wird Tarpon Springs auch genannt, und das nicht zu Unrecht. Hier erinnert noch einiges an jene griechischen Schwammtaucher, die die kleine Stadt um die Jahrhundertwende gründeten. Da die Küste um Tarpon Springs für ihren Beruf denkbar günstige Voraussetzungen bot, ließen sie sich mit ihren Familien, es sollen damals etwa 500 Personen gewesen sein, hier nieder. Obgleich die Schwammtaucherei heute keine große Rolle mehr spielt, ist der griechische Einfluß in Tarpon Springs erhalten geblieben und auch die Tradition der

COLIBRI GEHEIMTIP Wer sich für Oldtimer interessiert, sollte in Tarpon Springs die **„Antique Automobile Show"** in der zweiten Märzwoche nicht versäumen. Ort des Geschehens: City Park am Spring Bvd. South.

Schwammfischerei lebt weiter. Noch immer sieht man die Männer in Tiefen von bis zu 46 Metern tauchen, wo sie die Schwämme „ernten". Wer mehr darüber wissen will, sollte das **Spongeorama Exhibit Center** an den Sponge Docks besuchen (510 Dodecanese Boulevard, Tel. 942 3771). Während 30 Minuten wird einem alles erklärt, was mit Schwämmen zusammenhängt: vom Sammeln über Konservierung bis zu Färbung und Gebrauch.

Ein weiteres Relikt griechischer Kultur ist die **St. Nicholas Greek Orthodox Cathedral,** 30 North Pinellas Avenue. Die sehenswerte Kathedrale, aus den 20er Jahren, besitzt außerordentlich schöne Ikonen und Statuen. Jedes Jahr, am Epiphaniastag, ist die Kathedrale Kulisse für beeindruckende Feierlichkeiten – hier versammeln sich alle Würdenträger der griechisch-orthodoxen Kirche des Landes, um unter byzantinischen Chorgesängen das Wasser zu segnen. Ein bewegendes, fast schon anachronistisches Schauspiel.

In nördlicher Richtung den **Pithlachascotee River** überquerend und dem **Golf von Mexico** folgend, erreicht man nach 37 km **Weeki Wachee Spring** mit seinem Unterwasser – Amphitheater. Eine Kombination natürli-

Zentralflorida

COLIBRI GEHEIMTIP

Tarpon Springs ist eine gute Alternative zu den teuren Übernachtungsmöglichkeiten Orlandos.

cher und künstlich-technischer Installationen: Mit der Hilfe eines natürlichen Wasserfalles wurde ein 42 Meter tiefes Becken für unter anderem die Vorführung von Unterwasserballetts und akrobatischen Kunststücken geschaffen. Jede Show dauert etwa 30 Minuten. Das Gelände wurde von einem Taucher der US-Navy entdeckt und 1947 erstmalig der Öffentlichkeit zugänglich gemacht.

Homosassa Springs erreicht man nach weiteren 33 km, wenn man der US 19 in nördlicher Richtung folgt, vorbei am **Chassahowitzka Wildlife Refuge**. Das **Homosassa Springs Nature World** (Tel. 628 2311, geöffnet von 9–17 Uhr) liegt an der Süß- Salzwasserscheide. So kann man sowohl Süßwasserfische wie auch Meeresbewohner beobachten.

Crystal River liegt noch einmal 11 km nördlich. Es ist nicht nur durch sein Atomkraftwerk bekannt, sondern auch für seinen Indianer-Friedhof (Crystal River State Archaeological Site), der in Florida einmalig ist. Informationen unter Tel. 795 3817.

In **„Louis Pappas' Riverside"** Restaurant erlebt man Griechenland aus amerikanischer Sicht. Sponge Dock, 10 West Dodecanese Bvd., Tel. 937 5101.
Billiger ißt man im **„Brass Knocker"** am Palm Harbor, Tel. 937 8943.

Titusville 10

US 1 / 75 Palm Beach – Titusville. 62 km östlich von Orlando (Bee Line Expressway; Mautpflichtig, oder US 50 über Winter Park). Telefonvorwahl 407. Chamber of Commerce, 2000 South Washington Avenue, Tel. 267 3036.

Die Stadt war die erste, die Anfang der 60er Jahre von den Weltraumprojekten auf Cape Canaveral profitierte – ihre Bevölkerung wuchs, deren Einkommen ebenfalls, es entwickelte sich eine schon beinahe hektische Aktivität in der früher ruhigen, eher verschlafenen Kleinstadt. Doch Titusville bekam Konkurrenz durch **Cocoa Beach** und die umliegenden Ressorts auf **Merrit Island,** die Titusville durch ihre herrliche Umgebung bei weitem übertreffen. So ist Titusville die erste Stadt in dieser Region, die eine Rückwärtsentwicklung durchmacht und ganz langsam wieder zu dem wird, was sie einmal war – Hauptort eines ländlichen Anbaugebietes, ganz der Landwirtschaft ergeben.

Die früher gebauten zahlreichen Hotels, Villen und Häuser dienen jetzt in erster Linie den Senioren, die hier einen Teil ihrer Zeit verbringen. Lebendig wird Titusville erst wieder an den Wochenenden, wenn die Bewohner Orlandos an die Strände um Titusville stürzen.

Schwämme

Orlando

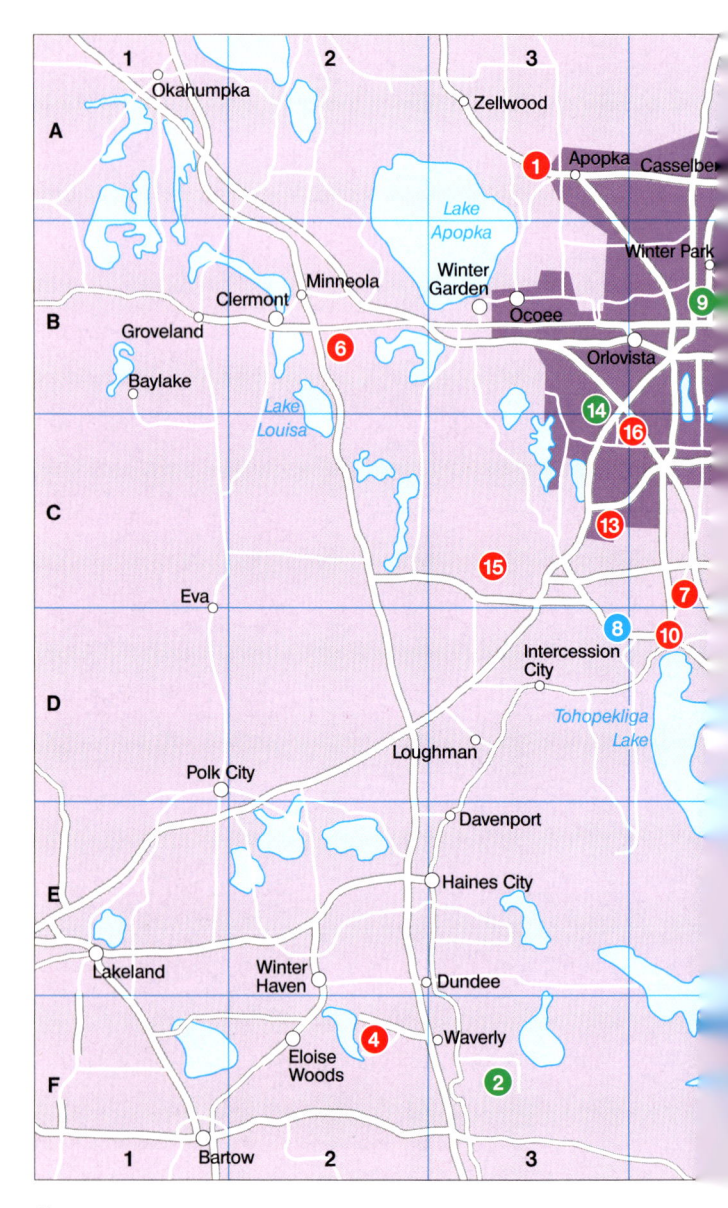

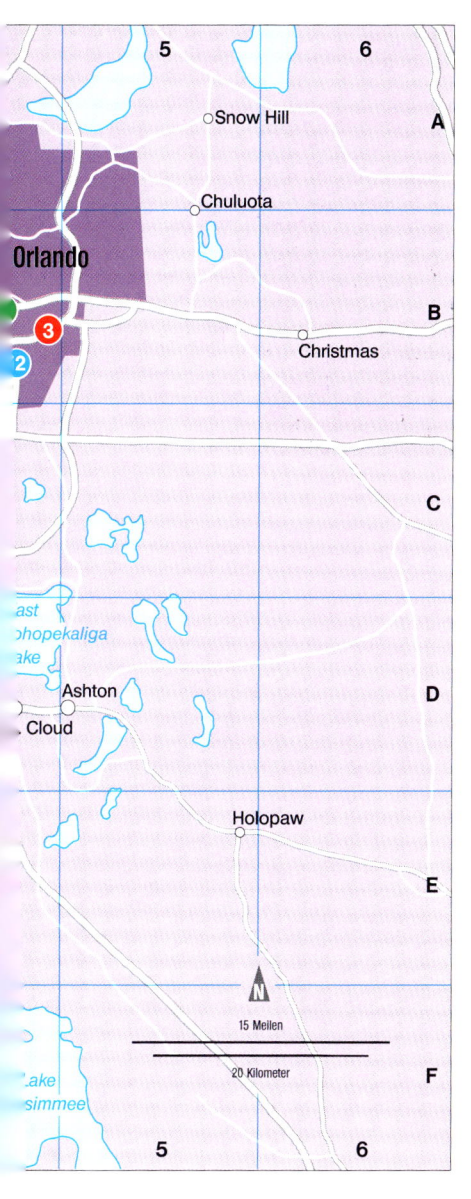

Kunst und Kultur

- ⑧ Indian World Museum and Trading Post D 3/4
- ⑫ Orlando Museum of Art B4

Sehenswürdigkeit

- ❷ Bok Tower Gardens F3
- ❺ Elvis Presley Museum B4
- ❾ John Young Museum und Planetarium B4
- ⑭ Universal Studios B/C 3

Erlebnis

- ❶ Apopka A3
- ❸ Church Street Station B 4/5
- ❹ Cypress Gardens F2
- ❻ Florida Citrus Tower B2
- ❼ Gatorland C/D 4
- ⑩ Kissimmee D4
- ⑪ Mystery Fun House B4
- ⑬ Sea World C3
- ⑮ Walt Disney World C3
- ⑯ Wet 'n' Wild C 3/4

41

Orlando

Church Street Station

ℹ️ Im Zentrum der Halbinsel; erreichbar über den Florida's Turnpike von Miami (Entfernung ca. 340 km), oder den Interstate Highway 95 von Jacksonville (ca. 210 km). Abzweigung auf den Interstate Highway 4 bei Daytona Beach. Telefonvorwahl 407. Orlando/Orange County Convention & Visitor's Bureau, Suite 300, 7208 Sand Lake Road. Tel. 363 5849. Geöffnet Mo.–Fr. 9–18 Uhr; Mercado Mediterranean Shopping Village, 8445 International Drive, Tel: 363 5871, geöffnet täglich von 8–20 Uhr.

Orlando, vor einigen Jahrzehnten eine eher verschlafene Kleinstadt, machte in letzter Zeit eine rasante Entwicklung durch: aufgrund seiner „Superattraktionen" wie Walt Disney World, 1971 eröffnet, Seaworld, den Disney MGM und den Universal Film Studios sowie – last but not least – der Nähe von Cape Canaveral.

Orlando, benannt nach dem Grab einer jungen Frau namens Orlando Reeves, die 1835 während der Indianerkriege starb, ist selbst für amerikanische Verhältnisse eine junge Stadt. Erst 1820 ließen sich im heutigen Stadtgebiet die ersten Siedler nieder, damals hieß es noch **Fort Gatlin.** Seinen heutigen Namen bekam Orlando offiziell erst 1857, damals war sie Hauptstadt des umgebenden Counties. Noch 1880, als sie ans Eisenbahnnetz nach Miami angebunden wurde, bestand die Ortschaft lediglich aus wenigen Häusern mit 200 Einwohnern. Anfang der 70er Jahre lag die Einwohnerzahl noch bei etwa 600.000. Inzwischen hat sie sich fast vervierfacht und die Zahl der zur Verfügung stehenden Hotelbetten sogar beinahe verzehnfacht.

Das heutige Orlando wurde in den letzten 25 Jahren praktisch aus dem Boden gestampft – es zeigt sich modern, sehr großzügig angelegt, mit Parks und kleinen Seen – insgesamt sollen es 54 Seen und 47 Parks sein.

> **COLIBRI GEHEIMTIP** Da Orlando, wie die meisten größeren amerikanischen Städte, viel zu weit auseinandergezogen ist, um es zu Fuß zu durchwandern, und auch die innerörtliche öffentliche Verbindung überraschend unpraktisch ist, sollte man sich, um einen ersten Eindruck zu bekommen, an eines der örtlichen Sightseeing-Unternehmen wenden: **Orlando Tour Lines,** 2301 South Division Avenue, Tel. 422 2242 oder Florida Tour Lines, 4352 SW 34 th Street., Tel. 841 6400.

Orlando

COLIBRI GEHEIMTIP

Wer Zeit hat, sollte weiter nordwestlich nach **Ocala** (US 441) fahren, das berühmt für seine Pferdezuchten ist: Auf der Ocala Stud Farm beispielsweise (South West 27th Avenue, geöffnet von 7–10 Uhr und 13 –15 Uhr) wurden einige Derby-Gewinner gezüchtet.

Apopka 1

Nordwestlich von Orlando, erreichbar über die US 441.

Der kleine Ort Apopka, dessen indianischer Name „der Ort, an dem man Kartoffeln ißt" bedeutet, ist ein Zentrum der Blumenzucht – weit erstrecken sich die Felder, die in allen Farben leuchten. Unweit nördlich von Apopka über die FL (Florida Lane) 436 liegt der **Wekiwa Springs State Park** – hier kann man wandern, fischen und picknicken.

An der Hauptstraße liegt die **Masonic Lodge,** eine Freimaurer-Loge aus dem Jahr 1859. Sie ist das älteste Versammlungsgebäude der Freimaurer des Staates Florida. Von hier aus erreicht man das Fischerparadies von **Mount Dora,** fährt vorbei an verschiedenen kleinen Seen, durch Tavares und erreicht wieder die US 441 zurück nach Orlando.

An der US 441 liegen die **Venetian Gardens,** die venezianischen Gärten mit kleinen, über Brücken verbundene Inseln – alles in Miniaturausgabe. Hier kann man sich sportlich betätigen: Rollschuhlaufen, Tennis oder Bootfahren.

Östlich (FL 40) liegt das **Six Gun Territory,** 9.30 – 18.30 Uhr geöffnet – ein Western-Spektakel mit Indianerüberfällen und allem, was dazugehört – einschließlich Gänsehaut. Letztere kann man auch im „**Cypress Point Reptile Institute**" bekommen, hier sind Schlangen, Eidechsen, Schildkröten, Krokodile und Alligatoren in ihrer „natürlichen Umgebung" zu besichtigen. Geöffnet im Sommer täglich von 8.30 bis 18 Uhr, im Winter bis 17 Uhr.

Bok Tower Gardens 2

In Lake Wales, ca. 5 km nördlich der US 27 A. Geöffnet täglich von 8–17 Uhr, Tel. 676 1408. Eintritt gebührenpflichtig!

Der 52 Hektar große Park liegt am Gipfel des **Iron Mountain,** des „eisernen Berges", der höchsten Erhebung Floridas. Er ist ideal, um bei ausgedehnten Spaziergängen die Natur und die Vogelwelt dieser Ecke kennenzulernen. Der 62 Meter hohe Turm, nachdem die Anlage benannt ist, wurde aus Georgia Marmor

Wild West Town

Orlando

errichtet. Er trägt 53 Glocken – das Taylor-Glockenspiel – die mehrfach täglich ein kleines Konzert spielen. In der Umgebung gibt es kleine Restaurants, außerdem besteht Picknickmöglichkeit.

Church Street Station 3

i Downtown Orlando, 129 West Church Street. Telefon 422 2434. Geöffnet bis 2 Uhr früh.

Der ehemalige Bahnhof hat ein neues Gesicht bekommen: er wurde komplett zu einem abendlichen Vergnügungs-Zentrum umgebaut. Restaurants, Bars, Kneipen – alles sprudelt vor Lebendigkeit. Der größte Gag ist die alte 140 Tonnen schwere **Lokomotive „Old Duke"**. Seinerzeit brachte sie bis zu 100 Wagons Handelsware mit – auch umgebaut lassen diese Waggons das Viertel um den alten Bahnhof noch immer erzittern.

Die Church Street selbst besteht aus Gebäuden, die um die Jahrhundertwende errichtet wurden, viele der Bars sind nach wie vor in diesem Stil gehalten. **Dixie- und Jazzklänge** sind von überallher zu hören und man sollte es sich keinesfalls nehmen lassen, eines dieser Etablissements zu besuchen.

COLIBRI GEHEIMTIP

Die **„Buffalo Trading Co."**, Church Street, hält was ihr Name verspricht: Die tollsten Sachen im Western-Stil werden hier verkauft – zu allerdings extravaganten Preisen. Wem das nötige Kleingeld fehlt, kann sich aber zumindest im **Western-Outfit** fotografieren lassen.

Rosie O'Gradys Goodtime Emporium (Church Street) stellt eine „Institution" in Orlando dar. Luxuriöse Freitreppen führen zu den verschiedenen Etagen, Balkons erlauben einen Ausblick über den gesamten Trubel, riesige Lüster hängen von den hohen Decken, geschnitzte Holztresen und Plüschsessel laden ein ... Die Investition des hohen Eintrittspreises lohnt sich auf jeden Fall.

Im Shopping Center nebenan – ebenfalls im „Belle Epoque-"Stil dekoriert – gibt's die verrücktesten Sachen zu kaufen. In der letzten Etage findet man ausgeflipptes Spielzeug – meist von Erwachsenen gekauft. Wer Hunger hat, geht 'runter in die 1. Etage – hier wimmelt es von Lokalen. Super Salat gibt es bei **„Bain's Deli"**.

Cypress Gardens 4

i 2641 WS Lake Summit Drive. Erreichbar über die US 14 Richtung Winter Haven. Geöffnet täglich von 9 bis mindestens 18 Uhr, ab 17 Uhr kein Einlaß.

Aus den 30er Jahren stammen die imposanten Anlagen, die zahllose exotische Pflanzen beherbergen. Der Besucher kann sich per Elektromotor-Boot gemütlich durch

Citrus Tower

Orlando

die Kanäle fahren lassen und die Farbenpracht der Fauna bewundern.

Auf den Kanälen findet viermal täglich ein besonderes Spektakel statt: **Wasserski-Akrobatik,** angeblich die besten Shows der Staaten. Entgehen lassen sollte man sie sich keinesfalls.

Im „**Animal Forest**" kann man viele seltene Tierarten beobachten.

Ein weiterer Höhepunkt ist die **Cypress Junction,** eine Mini-Bahnstrecke, die durch die schönsten Teile der 90 Hektar großen Anlage führt. An den berühmten Film „Vom Winde verweht" erinnert die Nachbildung einer Stadtanlage aus der Zeit vor dem Bürgerkrieg, Hostessen in Krinolinen vervollständigen das Bild.

Wasserski-Akrobatik

Elvis-Museum   5

5931 American Way, International Drive, Orlando, Tel. 345 8860. Geöffnet täglich 9–22 Uhr.

Mehrere hundert Erinnerungsstücke an Elvis Presley, den wohl berühmtesten Rocksänger aller Zeiten, sind hier ausgestellt. Schmuckstücke, Kostüme, sein letzter Cadillac, das Piano aus seinem Haus in Graceland ... und vieles mehr. In jedem Fall genug für seine echten Fans, dem Elvis-Museum einen Besuch abzustatten.

Florida Citrus Tower   6

US 27 Richtung Clermont. Geöffnet 7–18 Uhr. Tel. 394 8585.

Der Ausflug nach Clermont lohnt sich allein schon wegen des schönen Blickes vom Turm. Über 17 Millionen Orangen- und Zitronenbäume sollen es sein, die hier auf einem Gebiet von etwa 3500 qkm kultiviert werden – der Zitrusfrüchteanbau ist einer der wichtigsten Landwirtschaftszweige Floridas.

Man sollte die angeschlossene kleine Fabrik besuchen, hier wird auf offiziellen Rundgängen Ernte und Weiterverarbeitung der Früchte erklärt, außerdem werden frischgepflückte Orangen und Zitronen zum Verkauf angeboten.

Genießen Sie das Essen und den herrlichen Ausblick vom **Restaurant** oben im Turm!

Gatorland   7

US 17, zwischen Orlando und Kissimmee. Geöffnet von 8–20 Uhr, im Winter bis 18 Uhr. Tel. 857 3845.

Gatorland genießt den Ruf, die größte **Alligator-Farm** der Welt zu sein. Hier lernt man, wie sie leben, wie sie sich ernähren – notfalls springen sie sogar in die Höhe, um ihre Beute zu erwischen. Abstand halten ist also angesagt. Hier kann man Hunderte von Schlangen, Krokodilen, Alligatoren und anderen Reptilien beobachten und zum Teil sogar anfassen – doch, wie gesagt, mit Vorsicht! Auch vorwitzige Affen gibt's hier, zur großen Freude vor allem der Kinder, die sich mit Begeisterung auf einer kleinen **Dampfeisenbahn**

45

Orlando

Orange World

durch das Gelände schaukeln lassen.

Ein Foto sollte man schon am Eingang machen. Typischer Souvenir-Gag: Man steht zwischen den Zähnen eines überdimensionalen Alligators.

Knapp 1 km südlich vom Gatorland (US 441, US 92, US 17) liegt die **„Tupperware International"**. Auf einer kostenlosen Führung werden Sie durch die Welt der Plastik-Haushaltsbehälter geleitet. Mal was anderes! Geöffnet Mo. bis Fr. 9–16 Uhr.

Indian World Museum and Trading Post 8

Highway 192, etwa 9 km vor Kissimmee. Geöffnet täglich von 9–20 Uhr.

Dieses Museum, an einem früheren Handelsposten untergebracht, zeigt die Sammlung von **M. E. G. Barnhill.** An Hand der Exponate kann man die Geschichte und die Lebensweise der nordamerikanischen Indianer nachvollziehen.
Besonders interessant sind die Töpferwaren, die Malereien und die zum Teil sehr künstlerisch angefertigten Waffen. Einen Souvenirladen gibt's natürlich auch.

Einen Kulturschock erleiden Sie, wenn Sie weiter den Highway 192 nach Kissimmee fahren: Ecke State Road 535 steht – bezeichnenderweise Xanadu genannt – ein echtes Plastik-Haus **„Wohnen der Zukunft"**, mit Technologie des Jahres 2001. Aber es hat was: Vom Bau her um 50 Prozent billiger, spart es bis zu 75 Prozent der Energiekosten eines „normalen" Hauses. Täglich von 10–22 Uhr geöffnet.

John Young Museum & Planetarium 9

Princeton Road am Loch Haven Park, Richtung Winter Park. Geöffnet 9–18 Uhr.

Das John Young Museum – gleichzeitig Raumfahrt-Museum und Planetarium – ist vor allem wegen seiner Beobachtungsstation berühmt. Dank eines riesigen Projektors, der es möglich macht, etwa 5.000 Sterne auf einem kuppelförmigen Bildschirm zu beobachten, gehört das J. Y. Museum inzwischen zu den führenden Stationen auf dem Gebiet amerikanischer Weltraum-Erziehung.

Das Museum steht inmitten einer herrlichen Parkanlage, von tropischen Bäumen und Blumen umgeben. Hier kann man notfalls auch in Ruhe die Beendigung der Shows abwarten, wenn

COLIBRI GEHEIMTIP

Nehmen Sie einen Picknick-Korb mit – Platz gibt's genug, sofern die Affen einen lassen.

Orlando

man sich nicht für Observatorien interessiert.

Etwa 3 km südwestlich am Corinne Drive, nördlich des Highways 50, liegt das **Naval Training Center** (Marineausbildungszentrum). Sehenswert: die Paraden jeden Freitag zwischen 10 und 11 Uhr.

Ebenfalls in Loch Haven Park liegt das **Orange County Historical Museum**, 812 East Rollins Street, geöffnet Di.–Fr. 10–16 Uhr, an Wochenenden 14–17 Uhr.

Das winzige, aber recht interessante Museum zeigt Gegenstände aus der Geschichte dieses Counties: Möbel, Werkzeuge, Photographien und anderes.

Kissimmee 10

US 17 / 92 / 441 Orlando – Kissimmee.

Kissimmee hat weniger Kulturelles zu bieten, dafür aber eine Menge Spaß: Wasserratten können sich im „**Water Mania**", Hwy 192, Spacecoast Parkway austoben, Unterhaltung vom Feinsten wird in „**Old Town**", Hwy 192, geboten: Shopping, Restaurants, **Wolfman Jack's Rock'n Roll Palace** und andere Highlights.

„**Medieval Times**", Hwy 192, kurz vor dem Ortseingang, bietet mittelalterliche Freßgelage in entsprechender Umgebung – eine „alte" Festung mit Zugbrücken und Wassergraben und allem was dazugehört (Burgfräulein inklusive) bilden ein ungewöhnliches Ambiente, verstärkt durch die Ritterspiele. Man ißt die opulenten Gänge mit den Fingern – was vielen den meisten Spaß macht – umrahmt von enthusiastischen Schreien des Zeremonienmeisters. Alles in allem eine witzige Abwechslung. Dinner an Wochentagen um 19 Uhr, an Wochenenden um 18 und 20.30 Uhr. Tagsüber freie Besichtigung des Geländes, Tel. 396 1518.

Wer's lieber arabisch als mittelalterlich mag, sollte sich die „**Arabian Nights**", 6225 West Irlo Bronson Memorail Hwy (US 192) zu Gemüte führen – hier wird eine außergewöhnli-

Alligator

47

Orlando

che Pferdeshow gezeigt – Ben Hur läßt grüßen.

Muscheln in allen Formen und Farben, zu den überraschendsten Gegenständen weiterverarbeitet findet man bei „**Shell World**", 7530 West Bronson Highway.

Mystery Fun House 11

5750 Major Boulevard, Orlando, Tel. 351 3355. Geöffnet täglich 10–21 Uhr.

Ein **Spukschloß**, das weniger zu Gänsehaut führt, sondern eher in die verwunschene Welt von Feen, Drachen, Zwergen und Riesen – Geisterbahneffekt ist jedoch auch geboten. Und manch einer lacht sich krank vor den gebogenen Spiegeln, die einen in die tollsten Richtungen verzerren.

Orlando Museum of Art 12

2416 North Mills Avenue, Orlando. Geöffnet Di–Fr. Telefon 896 4231

In dem kleinen **Kunstmuseum**, das jedoch eine umso aktivere Leitung besitzt, werden laufend wechselnde Ausstellungen moderner Künstler dargeboten, die in Stil und Aussage fast durchweg sehr interessant sind. Sehenswert ist auch die dauernde Austellung von Werken **amerikanischer Künstler** des 19. und 20. Jahrhunderts, sowie eine Sammlung **präkolumbianischer** und **afrikanischer Exponate.**

Sea World 13

7007 Sea World Drive, über die I-4, Ausfahrt 27 A (Beeline Expressway). Bus Linie 8 vom City Terminal Orlando. Geöffnet im Sommer täglich von 8.30–21 Uhr, im Winter von 9– 20 Uhr. Infos zum Show-Beginn an der Kasse.

Sea World ist wohl die größte Konkurrenz zu Miamis Seaquarium. In riesigen Bassins finden die Shows statt – **Delphine, Killerwale, See-Elefanten** erfreuen immer wieder Millionen von Zuschauern.

Die Shows reißen die Tiere zwar aus ihrer lähmenden Langeweile, dennoch sollte man sich darüber im Klaren sein, daß sie ihres natürlichen Lebensraumes beraubt sind. Bereits in Gefangenschaft geborene Jungtiere beweisen jedoch eine relativ gute Anpassung an die Umgebung.

Neben den berühmten Shows werden weitere Attraktionen geboten: Der **Fountain Fantasy** sprüht seine Wasserfontänen im Takt der Musik, die mysteriöse Unterwasserwelt kann man im U–Boot bei der „**mission Bermuda Triangle**" erleben, im **Atlantis Amphietheater** hält man bei Wasserski-Akrobatik die Luft an, 1000 gefährliche Meerestiere betrachtet

Sea World

Orlando

man mit einer Mischung aus Faszination und Grausen in den **„Terrors of the Deep"**, und für die Jüngsten ist **„Shamu's Happy Harbor"**, benannt nach dem ersten in Gefangenschaft geborenen Killerwal Shamu, das absolute Ereignis.

Dinner bei polynesischen Tänzen und Musik tägl. ab 18.30 Uhr.

Universal Studios 14

1000, Universal Studios Plaza, Ausfahrt (Exit) 30 von der I-4, Höhe Kirkman Road. Einige Minuten vom Internationalen Flughafen entfernt. Geöffnet von 9– 23 Uhr, Eintritt ca. 32 $. Ermäßigung für Kinder zwischen 3 und 9 Jahren, Kleinkinder frei.

Die Universal Filmstudios, befinden sich, getreu ihrem Motto „nobody can do it better than we can" (Niemand kann's besser machen, als wir), in mehr oder weniger direkter Nachbarschft zu den **Disney MGM-Studios**. Die stärkste Konkurrenz ist also gleich nebenan. Die Universal-Studios, ein Ableger der Universal-Studios von Hollywood, wurden im Mai 1990 eröffnet und gelten inzwischen als der Renner Orlandos – abgesehen von Disney World natürlich. So kann man einen Blick auf die Filmgeschichte und hinter die Kulissen

Eingang der Universal Studios

von Film und Show-Business werfen, da an vielen Orten noch gedreht wird.

Vorgeschlagene Route: Folgen Sie der Straße am Eingang bis zum hinteren Ende zur **„Kongfrontation"**: Man sitzt in einer U-Bahn – plötzlich pustet einem King Kong ins Gesicht, zerrt wutentbrannt an den Stahltrossen der Seilbahn, bringt fast den Waggon zum Entgleisen, greift um Zentimeter vorbei ... besser als jede Geisterbahn. Kleine Kinder finden das Ganze allerdings weniger lustig – für sie ist das nicht zu empfehlen. Noch um einiges gesteigert wird der Horror weiter östlich im „Earthquake" – ein Erdbeben vom Ausmaß 8,3 auf der Richterskala. Der Alptraum beginnt in der U-Bahn: der Boden reißt unter den Füßen auf, die Erde kracht fürchterlich, Gas- und Wasserleitungen zerbersten und, von Feuerwänden umgeben, glaubt man, seine letzte Stunde hätte geschlagen. „Earthquake" hat für seine hervorragenden Spezialeffekte übrigens einen **Oscar** erhalten – doch wenn man mit weichen Knien und bleichem Gesicht aus dem Ausgang stolpert, ist dies ziemlich egal.

Fast ebenso schlimm ist „Back to the Future" – Zurück in die Zukunft. Mit Doc Brown geht's durch einen Tunnel mit flüssiger Lava, ins Maul eines überdimensionalen Dinosauriers, man zerschellt um Haaresbreite an einem Gletscher. Nur vier Minuten dauert der auf eine riesige Leinwand projizierte Film, der jeden mit

49

Orlando

dem Gefühl „Hurra, ich lebe noch!" entläßt. Für Gefühle ganz anderer Art sorgt „E.T.". Wer kennt ihn nicht, den reizenden, kleinen Außerirdischen, der immer „nach Hause telefonieren" möchte? Diesmal fühlt man sich an die Stelle der Filmkinder versetzt, warm wird es ums Herz, wenn das von E.T. vor Freude aufleuchtet. Miterleben kann man den Rausch, auf dem Fahrrad am Himmel über die hell erleuchtete Stadt dahin zu fliegen, mit E.T. auf der Flucht vor hetzenden Polizisten ...

Lichttunnel

ten, dazu die fantastische Welt der Hanna-Barbera, hier wackeln die Stühle. Kinder sind begeistert von den „Flintstones" (Familie Feuerstein), Yoogie-Bär, Lassie und Mr. Ed, dem sprechenden Pferd, und, und, und ...

Hier steht das berühmte „**Hard Rock Café**", das Rock'n-Roll-Lokal, das überall in der Welt Nachfolger gefunden hat.

Walt Disney World 15

19 km südwestlich von Orlando, erreichbar über die US 17 / 92/441 (Orange Blossom Trail). Busverbindung: Greyhound of Orlando oder American Sightseeing Tours. Infos: Tel. 824 4321. Beschwerden: 824 4500. Notfälle: 824 4813. Geöffnet täglich ab 9 Uhr. Eintrittskarten: ca. 35 $ pro Park – besser wäre es, einen 4–5 Tagespaß (ca. 120 $ für alle Parks) zu kaufen, der bei einem Aufenthalt von mehreren Tagen billiger als Einzelkarten kommt. Kinder von 3–9 Jahren erhalten ca. 20 % Ermäßigung, Kleinkinder frei. Buggies für die Jüngsten am Eingang erhältlich, ebenso Rollstühle. Besitzer einer Tageskarte, die das Gelände zeitweise verlassen wollen, dürfen keinesfalls vergessen, sich an der Kasse einen Wiedereintrittsstempel, auf den Handrücken verpassen zu lassen.

Parkplätze sind ausreichend vorhanden, pro Vergnügungszentrum mehr als 120.000. Notieren Sie sich jedoch den Namen des Platzes und die Stellplatznummer – hier haben schon viele ihr Auto fast nicht mehr gefunden. Transfer vom Parkplatz zur Kasse und zurück verläuft mittels Zubringerbahn.

Disney World gehört seit der Eröffnung von „**Magic Kingdom**" 1971 zu

---

COLIBRI GEHEIMTIP

Zum Besuch: **So früh als möglich** da sein, sofort die größten Attraktionen (aber bei den entferntesten beginnen!) besichtigen, und sich den Rest anschließend – wenn die Langschläfer an den Highlights Schlange stehen – in aller Ruhe zu Gemüte führen.

Unheimlich wird's dann wieder bei „Alfred Hitchcock ‚The Art of Making Movies'" – die Kunst, Filme zu machen. Atemberaubend, wenn seine „Vögel" dreidimensional auf einen niederstürzen!

Wild-West-Stuntshows werden außerdem gebo-

Orlando

den meistbesuchten Attraktionen der Staaten. Mit dem Anschluß der weiteren Parks, dem EPCOT Center (Experimental Prototype Community Of Tomorrow) 1982 und dem Disney MGM Studios Theme Park 1989, hat sich die Besucherzahl auf mehrere Millionen jährlich erhöht, manche sprechen sogar von 100.000 täglich. Diese enorm anmutende Zahl relativiert sich, wenn man bedenkt, daß das Areal von Disney World fast zweimal so groß wie New Yorks Manhattan ist, und dort leben mehrere Millionen Menschen. Um seine teure Eintrittskarte entsprechend nutzen zu können – wozu man pro Park sicherlich einen ganzen Tag braucht – sollte man sich an der Kasse einen Lageplan zulegen und vorher die Routen in etwa festlegen.

Keinesfalls vergessen: Treffpunkt ausmachen, Handtaschen festhalten, Wertsachen an der Kasse hinterlegen, und den Nachwuchs immer im Auge, noch besser an der Hand behalten. (In umliegenden Supermärkten hängen Bilder von verschwundenen Kindern!)

Magic Kingdom

Dieser Teil ist von 9–19 Uhr geöffnet. Mickey Mouse Parade 15 Uhr. Bitte beachten: Während öffentlicher Darbietungen darf weder gegessen noch getrunken und schon gar nicht geraucht werden, sonst droht Platzverweis. Ebenfalls untersagt sind Blitzlichtaufnahmen.

Das Magische Königreich ist wohl das, was sich jeder unter Disney-World vorstellt: Das Bild das man hierbei vor Augen hat, ist meist das **Märchenschloß von Aschenputtel (Cinderella Castle)**, dem das Schloß Neuschwanstein von König Ludwig II. von Bayern als Vorlage diente.

Die 45 verschiedenen „attractions", werden in verschiedenen „Ländern" und Bereichen angeboten:
Main Street (Hauptstraße): Im Stil der Jahrhundertwende sind die Gebäude rechts und links der Straße gehalten. Achtung – die oberen Etagen der Häuser sind niedriger! Man kann mit einer kleinen Western-Eisenbahn die Main Street durchfahren, vorbei an einem Spielcasino (Penny Arcade) und einem kleinen Kino, in dem der erste Zeichentrickfilm von Mickey Mouse zu sehen ist – **Walter Elias Disney** (1901–66) schuf die weltberühmte Maus 1928.

Adventureland: Land des Abenteuers – man kann an einer Bootsfahrt durch den Dschungel teilnehmen, sich nachts auf einem kleinen Boot in der Karibik von Piraten überfallen lassen und das Baumhaus auf der Robinson-Insel erklimmen.

Lageplan

Orlando

Frontierland: Mit der Eisenbahn im Karacho durch den Wilden Westen zur Zeit des Goldrausches – vorbei und durch Minen hindurch. Uff – für Schwangere und Herzkranke ist es übrigens verboten. Für diese ist die Golden Horseshoe Revue (vormittags für die Nachmittags-Show reservieren) sicher amüsanter. Der Splash Mountain bietet eine rasante Floßfahrt einen Fluß entlang, durch Grotten hindurch und schließlich einen Wasserfall hinunter.

Liberty Square: Der Platz der Freiheit mit der Halle der (amerikanischen) Präsidenten. Schöner ist's im Spukschloß The Haunted Mansion – hier laufen einem die Schauer über den Rücken – Gänsehaut ist garantiert.

Fantasy Land: Mit dem U–Boot „Nautilus" geht's durch die Welt von Captain Nemo. 200 Meilen unter dem Meer. Für die Kleinsten ist das Land der Phantasie das Schönste: Sie erleben Märchenfiguren plötzlich ganz lebendig, wie Aschenputtel und Schneewittchen, Peter Pan und Dumbo, den fliegenden Elefanten.

Mickey's Starland: Die Welt der Kinder – alles in Miniaturausgabe, eben in Kindergröße. Mickeys Haus ist komplett mit Küche, Büro und Schlafzimmer zu bewundern.

Cinderella Castle

Seine Wäsche trocknet im Garten und sogar das Auto ist zu sehen, vielleicht auch Micky selbst.

Tomorrow Land: Nervenkitzel im Land von Morgen, mit Achterbahn im All, Raketenstart zum Mars und der American Journeys / Circle Vision 360 – eine Fahrt durch Amerika, an der man unbedingt teilnehmen sollte.

Wer jetzt immer noch Zeit hat, kann per Raddampfer zum **Discovery-Island** (Entdecker-Insel) fahren, oder das **River Country** (mit 80 m langer Wasserachterbahn) besuchen. Die **Typhoon Lagoon** ist ein Wasser-Vergnügungspark riesigen Ausmaßes. Abendliche Unterhaltung für jeden Geschmack wird auf **Pleasure Island** geboten.

Knurrende Mägen beruhigt man in mittelalterlichem Ambiente im **Cinderella Castle** in **King Stephen's Banquett Hall** bei der Musik von Troubadouren.

EPCOT Center

Das EPCOT Center besteht seinerseits wieder aus zwei verschiedenen Arealen: Future World (Welt der Zukunft) und World Showcase (Weltschaufenster). Die Anlage wird überragt von der 64 Meter hohen Aluminiumkugel, die EPCOTs Wahrzeichen wurde. Hier, hinter dem Eingang zum Park, befindet sich auch die Earth Station (Station Erde), wo man Broschüren und Informationen erhält sowie Tischreservierungen für die Restaurants vornehmen kann.

Future World: Jedes der Gebäude von Future World wird von einer großen amerikanischen Firma gesponsort, deren Erfindungen oder Pro-

Adventureland

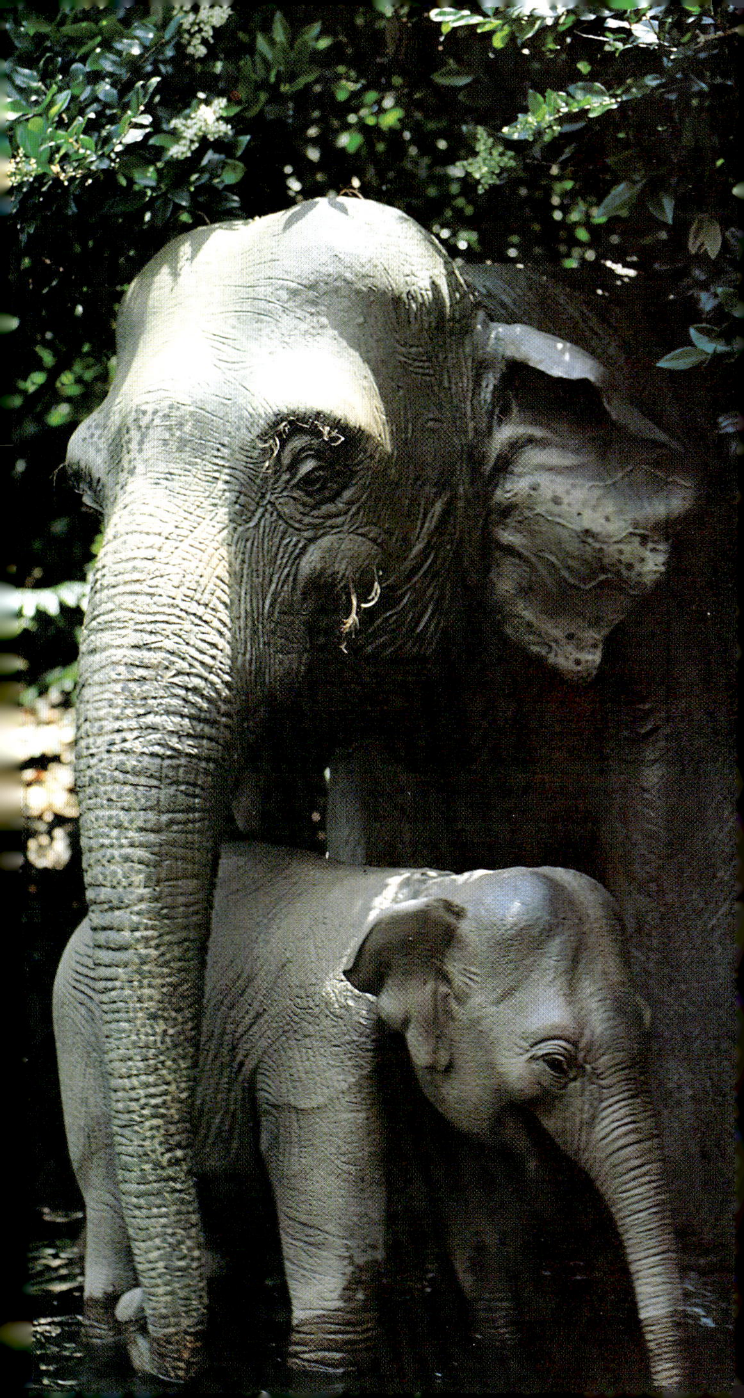

Orlando

U-Boot Nautilus

dukte entsprechend zu betrachten sind.

Spaceship Earth: das „Raumschiff Erde" sollte man sich zuletzt ansehen, auf diese Weise kann man die ewig lange Warteschlange umgehen. In dieser Ausstellung, in der EPCOT-Kugel untergebracht, fährt man an sämtlichen irdischen Entwicklungsstufen vorbei: vom Neandertaler zu den alten Ägyptern, von den Griechen zu den Römern, von der Renaissance zum Zeitalter der Dampfmaschinen, vom Telegraphen bis zum Weltraumsatelliten. Und wir sehen unsere Welt, wie sie wirklich ist – aus der Weltraumperspektive: „klein, still, lebendig – eine treibende Insel am mitternächtlichen Himmel – unser Raumschiff Erde".

Universe of Energy (Exxon) – ein „Muß" für jeden EPCOT-Besucher, auch wenn der Anfang etwas enttäuscht. Umso besser wird es hinterher – per Zeitreise geht es in die Frühzeit, in die Welt der Dinosaurier, in die der Naturgewalten, und wieder zurück vom Öl – ins Atomzeitalter.

World of Motion (General Motors): Eine Fahrt durch die Entwicklungsgeschichte der Fortbewegungsmittel – vom Fußgänger über den Verkehrsstau der heutigen Zeit bis hin zu den Zukunftsvisionen (Transcenter).

Wonders of Life – Thema: Medizin, Sinne, Gesundheit und wie sie erhalten werden kann. Das beste ist „Body Wars", eine Flugsimulation durch den menschlichen Körper. Für Leute mit schnell revoltierendem Magen nicht zu empfehlen.

Journey into Imagination (Reise in die Welt der Vorstellungen): Eastman Kodak hat hier eine faszinierende Ausstellung geboten, die in die Welt der Illusionen führt. Dazu D-3 Filme und die Hauptattraktion – ebenfalls D-3: das Science Fiction Film Musical von Frank Coppola „Captain EO" mit Michael Jackson.

The Land – mit Sicherheit der Pavillon mit dem größten Informationsgehalt. So lernt man zum Beispiel, daß nur 8 Pflanzen 90 Prozent der Weltnahrungsmittel herstellen. „Listen to the Land we all love" lautet das Motto – von einem Boot aus lernt man die landwirtschaftlichen Probleme kennen. Sehr informativ und ausgezeichnet gemacht!

Hunger? Ab zu „**The Living Seas**" – Man speist bei einer fantastischen Sicht auf die Unterwasserwelt nur durch Acrylglasscheiben von ihr getrennt.

World Showcase: Man braucht nur den Bus zu nehmen, um nach Mexiko, China, Indien oder

---

COLIBRI GEHEIMTIP

Computerfreaks, und solchen die es werden wollen, wird ein Extra geboten: **Communicore** – sensationell, wenn auch die Spiele eher simpel sind.

Orlando

COLIBRI GEHEIMTIP

Vor dem **Chinese Theatre** kann man ein Souvenir-Foto mit Handabdrücken und Autogramm machen lassen. Oder wie wär's mit einer Filmklappe als Erinnerung?

Marokko zu kommen. Pavillons von 11 Nationen zeigen das wichtigste und sehenswerteste dieser Länder. Disney wollte immer eine neue Welt schaffen, in der aller Länder friedlich nebeneinander existieren, er träumte von perfekter Harmonie – ein nur halbausgeträumter Traum. Überall werden landestypische Erfrischungen und Küche angeboten – entdecken Sie den Zauber dieser Länder neu.

Disney MGM Film Studios

Pistaziengrün präsentiert sich der Eingang zu den MGM (Metro Goldwyn Mayer)-Studios – Hollywood im Stil der 30er Jahre, samt einem Buick Cabriolet. (MGM erwarb seinerzeit Filmrechte, daher der Name – eine Partnerschaft besteht nicht.) Witzig ist das Wahrzeichen der Studios: ein 40 m hoher, weißer Turm mit Micky-Maus-Ohren.

Verschiedene Touren führen durch die **Studios**:

Die Spectacular Journey into the Movie (Graumann Theater) führt per Bahn an Szenen von 15 Filmen vorbei – da ist John Wayne zu Pferd, Humphrey Bogart geleitet durch „Casablanca", Johnny Weißmüller erfreut als „Tarzan", Gene Kelly, der „Amerikaner in Paris" singt noch einmal im Regen – alles ist täuschend echt, man glaubt, dabei zu sein – Disneys Magie in Perfektion.

Die Backstage Studio Tour führt durchs Produktions-Zentrum, teils zu Fuß, teils per Tram und durch den **Catastrophe Canyon,** wo alle paar Minuten ein neues Unglück Einzug hält: Erdbeben, Überflutungen, Wolkenbrüche – man holt erst wieder Luft, wenn man heil 'raus ist.

Indiana Jones Epic Stunt Spectacular – echt spektakulär, wie einer von rotierenden Hubschrauberpropellern geköpft wird. Erholung von dem Schock gibt's in der „Muppet-Show" oder bei der großen Show am Abend (18 Uhr) im Amphitheater.

Wet'n' Wild 16

6200 International Drive, Exit 30 von der I-4, ca 21 km südlich von Orlando. Tri County Bus Nr. 8 und 21. Geöffnet tägl. von 9–23 Uhr, Eintrittsermäßigung ab 15 Uhr. Handtücher gegen Gebühr.

„Naß und Wild" geht's hier wirklich zu. Wer seinen Mut testen will, kann dies auf einer 6 Stockwerke hohen Kamikaze-Rutschbahn tun – oder in den Hydra-Maniac-Wasserröhren. Ein Wasserspielplatz mit Wellenbad, Badestrand, Tauchbecken usw. Drei Hauptattraktionen sollte man nicht versäumen: die „Raging Rapids", den „Cork Screw" und den „Blue Niagara".

EPCOT Center

Südflorida

Sarasota

Okeech...

Cape Coral
5 Fort Myers

Immokalee

Lake Trafford

Golf

Naples 14

Everglades City

von

Everg...

Mexiko

50 Meilen
100 Kilometer

Key...

10 Key West

11 Marathon

Kunst und Kultur

- ④ Fort Lauderdale C5
- ⑮ Palm Beach B5

Sehenswürdigkeit

- ① Boca Raton C5
- ② Dania C/D 5
- ⑤ Fort Myers B 3
- ⑨ Keys F4
- ⑩ Key West F3
- ⑭ Naples C3

Erlebnis

- ③ Everglades D/E 4
- ⑥ Hollywood D5
- ⑦ Islamorada E/F 4
- ⑧ Key Largo E5
- ⑪ Marathon F 3/4
- ⑫ Miccosukee Indian Jungle D 4/5
- ⑬ Monkey Jungle D 4/5

Südflorida

Veranda in Key West

Der Süden Floridas ist geprägt durch einen Ballungsraum ohnegleichen: der Miami-Area, in der eine Stadt in die andere überzugehen scheint. Dieses Gebiet, welches von **Kendall** über **Miami** nach **Fort Lauderdale** und weiter nach **Palm Beach** im Norden führt, nimmt die gesamte Ostküste Südfloridas ein. Doch danach, einerlei in welcher Richtung, ist die Zivilisation zu Ende, finden sich nur noch kleine, verstreute Ortschaften.

Nordwestlich liegt der riesige **Okeechobee-See**, der größte Binnensee Floridas, 35 km lang und ebenso breit, südlich schließen sich die sumpfigen Gebiete von Okaloacoochee Slaugh an, die **Indianerreservate** der Seminolen und der Miccosukee, dann das Big Cypress National Preserve und schließlich der Traum jedes Touristen: die **Everglades** im Südwesten der Halbinsel. Die Buchten der zerissenen Küste, einst Piratenparadies, haben romantische Namen – Lostman Bay (Bucht des verlorenen Mannes), Alligator Bay, Shark (Hai) Bay. Woher die Namen kommen, kann man sich leicht vorstellen.

Mitten im Meer dann ein weiterer Höhepunkt: die **Florida Keys**, schmale, langgezogene Inselchen, über unzählige Brücken miteinander und dem Festland verbunden.

Schaurig schöne Geschichten gibt es auch hier zu hören – „Gangster in Key Largo" ist wohl die bekannteste.

Boca Raton 1

US 1, 16 km nördlich von Fort Lauderdale. Greater Boca Raton Chamber of Commerce, 1800 West Dixie Highway, Telefon 395 4433. Geöffnet Mo.–Fr. 9–17 Uhr.

Boca Raton, eine für europäische Verhältnisse ausgesprochen junge Stadt, boomt seit 1926. Doch ausnahmsweise war es nicht **Flagler**, sondern der Architekt und Wissenschaftler **Addison Mizner**, der hier das erste Hotel errichtete – welches heute in die traumhaft schöne Anlage des **Boca Raton Hotel & Club** integriert ist. Boca Raton besteht jedoch nicht nur aus Hotels und Golfplätzen. Seit Anfang der 80er Jahre gibt es hier auch

Südflorida

eine Universität, mit etwa 150 Studenten – was dem Städtchen einen intellektuellen Touch verleiht.

Wer tief in die Tasche greifen und zur Abwechslung einmal französische Küche genießen will, sollte ins „**Vielle Maison**", 770 East Palmetto Park Road, gehen. Reservierung erforderlich, Tel. 391 6701.

Erheblich preiswerter ist es im „**Seafood Connection**", 6998 North Federal Highway.

Dania 2

US 1, ca. 33 km nördlich von Miami. Chamber of Commerce, 100 West Dania Beach Boulevard, Tel. 927 3377. Geöffnet Mo.–Fr. 9.30–17 Uhr.

Der Name dieser kleinen Stadt verrät die ursprüngliche Präsenz dänischer Familien, die sich um die Jahrhundertwende hier niederließen. Ihnen hat Dania auch seinen ehemaligen Reichtum durch Tomatenanbau zu verdanken. Heute profitiert der Ort von seiner Lage zwischen Hollywood und Fort Lauderdale, von deren reichlich überfüllten Stränden die Besucher nach Dania ausweichen. Ein sehr beliebtes Ziel ist der **John U. Lloyd Park**: die **Beach State Recreation Area**, etwa 3 km östlich vom

COLIBRI GEHEIMTIP

Fahren Sie ein Stück westlich über die US 441 nach **Okalee**, einem kleinen Ort, der ursprünglich eine indianische Niederlassung war. Mitte Februar treffen sich hier die Indianer Floridas, um die Seminolen-Prinzessin zu wählen.

Dania Beach Boulevard gelegen. Doch Dania ist nicht nur Badeort, sondern auch Geheimtip für Antiquitätenliebhaber: in etwa 50 Läden wird alles verkauft, was man sich denken kann. Man kann hier günstig echte Antiquitäten erstehen, jedoch auch auf Nachgemachtes hereinfallen.

Von Mitte Dezember bis Mitte April finden in Dania täglich außer sonntags um 19.30 Uhr an der 5th Avenue die **Jai-alai Spiele** statt, für die das Städtchen ebenfalls berühmt ist. Bei diesen Ballspielen mit Wurfhölzern geht es manchmal reichlich wild zu! Information: Tel. 927 2841. (Der Zutritt ist für Minderjährige nicht gestattet.)

Everglades 3

Südlich der US 41 Miami – Naples; Südteil der Everglades von Miami aus südwestlich Richtung Homestead (US 1) und über die 9336 Florida City – Flamingo. Busverbindung: Greyline von Miami aus. Visitor's Center, ca. 15 km westlich von Homestead am Parkeingang.

Palme mit Fruchtstauden

Südflorida

Indianer auf Air-Boat-Tour

Geöffnet täglich von 8 –17 Uhr. Tel. 247 6211.

Die Everglades sind Überreste einer Landschaftsform, die früher die ganze Halbinsel Floridas bedeckte: Sumpfig, salzig, von tausenden Meerwasserarmen und Flüssen durchzogen und bedeckt von subtropischer Vegetation. Zu den Everglades, die ein Gebiet von etwa 5600 Hektar bedecken und etwa 1,5 m unter dem Meeresspiegel liegen, gehört auch die Gruppe der Zehntausend Inseln, **Ten Thousand Islands,** entstanden durch den Wechsel von Ebbe und Flut. Dieses Naturschutzgebiet, das noch immer die Spuren der großen Waldbrände von 1988 und 89 zeigt, kann man das ganze Jahr über besichtigen, die besten Zeiten sind jedoch Winter und Frühling – im Sommer stürzen sich Mosquitos und andere Insekten zu Millionen auf die ahnungslosen Besucher. Die Sicherheit im Park wird durch Rangers gewährleistet.

In den Everglades selbst leben heute nur noch Indianer, denen das Gebiet Mitte des 18. Jahrhunderts zugesprochen wurde. In diese noch immer fast unberührte Wildnis flüchteten sie sich während der großen Indianerkriege ein Jahrhundert später. Bis 1915 betraten – von den Indianern abgesehen – nur Forscher diese Gegend, erst nach der Eröffnung des **Royal Palm State Parks** wurden die restlichen Everglades teilweise zugänglich gemacht. Erst 1947 wurden die Everglades, wie wir sie heute kennen, zum Nationalpark deklariert – mit dem Ziel, die ungeheuer beeindruckende Landschaft zusammen mit Flora und Fauna zu erhalten.

So finden wir dichte **Mangrovenwälder** in den Küstenbereichen, denen das salzhaltige Wasser nicht schadet, sogar Harthölzer wie Mahagoni wachsen hier. Über 300 verschiedene Vogelarten bevölkern die Sumpfgebiete der Everglades: Adler, Geier, Falken und der berühmte Everglades Milan kreisen über den Sümpfen. Der Everglades Milan kann sich, dank seines scharfen, gebogenen Schnabels, von den Muscheln ernähren, die es zuhauf an den Küstenbereichen gibt.

Die rigorosen Schutzmaßnahmen erlaubten es den bedrohten Tierarten, sich hier wieder in aller Ruhe niederzulassen – man trifft sogar wieder auf den sehr seltenen rosafarbenen Löffelreiher. Und, ein kleines Wunder: Vogelarten, die man bereits für ausgestorben hielt, erschienen erneut auf der Bildfläche und werden heute unter größten Vorsichtsmaßnahmen fest angesiedelt. Um diesen Vogelschutz nicht zu gefährden, muß sich jeder Besucher unbedingt an die Verhaltensregeln innerhalb des

Südflorida

Parks halten – was ohnehin angebracht ist, da man sonst Krokodile oder Alligatoren als Nachtisch erfreut.

Die Tiere machen allerdings den Hauptanziehungspunkt der Everglades aus – sie sind die einzigen wild lebenden der Vereinigten Staaten. Doch man kann auch Panthern, Schwarzbären, Pumas und Weißschwanzhirschen begegnen, sowie über 600 Fischarten beobachten. Die Everglades sind – und bleiben es hoffentlich auch – ein wahres Naturparadies.

Mehrere Fußwege führen durch den Park, die meisten von ihnen beginnen an der Straße 9336 und stoßen von dort aus in die Everglades vor: Der El Anhinga Trail führt zu einem Alligatoren-Bassin, der **Gumbo Limbo Trail** durch den Dschungel – auf gepflastertem Weg –, der **Pa-Hay-Okee Overlook** ist eine Aussichtsplattform und der **Maha-**

COLIBRI GEHEIMTIP

In der letzten Dezemberwoche findet ein großes Indianer-Treffen mit rituellen Tänzen, Kriegsgesängen und Paraden in **Tamiami-Rail** statt. Sioux, Apachen, Seminolen und Vertreter weiterer Stämme nehmen daran teil. Wer zu dieser Zeit in der Gegend ist, sollte es keinesfalls verpassen!

gony Hammock Trail bringt einen schließlich zum größten Mahagoni-Baum Floridas.

Mehr von den Everglades erlebt man auf einer Bootsfahrt, die von der **Gulf Coast Ranger Station** (Everglades City, 29 Road, Tel. 695 2591) aus startet und entweder entlang des Golfs von Mexico zwischen den 100 Inseln (Dauer knapp 2 1/2 Stunden) oder durch die Mangroven-Wälder führt, die hier in ihrer Dichtheit besonders imposant sind (Dauer knapp zwei Stunden).

Air-Boat-Touren werden von der **Everglades Alligator Farm** (ca. 3,5 km nach der Abzweigung von der US 1 zum Parkeingang, den Schildern Air Boat Tour folgen, Tel. AIR BOAT angeboten (9–18 Uhr, Dauer ca. 30 Min.). Dies ist die einzige Stelle im Süden des Parkes, wo dies gestattet ist – ein interessantes, aber teures Vergnügen.

Ein opulentes Frühstück serviert „**Angie's Place**", US 41, direkt nach der Rechtskurve, ca. 12 km vor dem Parkeingang. Geöffnet von 6–14 Uhr. Man sollte es ausnützen, es sei denn, man will picknicken. In den Everglades gibt es sonst keine Restaurants, erst wieder in Flamingo.

Pa-Hay-Okee Overlook

Südflorida

Fort Lauderdale 4

US 1, ca. 40 km nördlich von Miami. Greyhound Verbindung von Orlando, Tampa, Daytona Beach. Telefonvorwahl 305. Chamber of Commerce, 512 NE 3rd Avenue, Tel. 462 6000. Geöffnet Mo.–Fr.: 8–17 Uhr.

Seinen Namen hat Fort Lauderdale von **Major William Lauderdale,** der hierher abberufen wurde, um die angeblich aufständischen Indianer zu vertreiben, denen das Gebiet ursprünglich gehörte. Um dies zu erreichen, ließ er 1838 ein Fort errichten. Heute ist dieser blutige Teil der Geschichte jedoch schon fast vergessen und Fort Lauderdale glänzt unter seinem Beinamen „Venedig Amerikas", den es nicht zu Unrecht erhalten hat:

Zahllose Kanäle, Lagunen und Flüsse geben dem Ort einen unverkennbaren Charme. 37 km Strand, 250 km Kanäle, an denen über 350 Boote anliegen, 50 Golfplätze, 288 Parks – fast unvorstellbar, wie sich das alles in und in der Umgebung der Stadt befinden kann.

Dazu kommt ein riesiges Angebot an Wassersport, Restaurants mit allen Küchen und weiteren touristischen Einrichtungen. Auch wenn hier die Entscheidung schwerfällt, eines sollte man sich jedoch unbedingt leisten: Eine Schiffahrt durch die Kanäle. Die besten Möglichkeiten hierfür bieten sich am **Bahia Mar Marina** – man mietet sich entweder selbst ein Boot, oder nimmt an einer Fahrt der „Jungle Queen" teil. Abfahrt um 10, 14 und 19 Uhr, abends mit Dinner und Show. Die Gebäude an den Ufern sowie die Jachten und Motorboote sind wirklich sehenswert! Das Schiff hält tagsüber an der **„Ocean World"**, einem Park mit Fischbassins, Alligatoren, Schildkröten usw.

Im **Hugh Taylor Birch State Park,** am Ende des Sunrise Blvd. kann man sich Kanus mieten, fischen, picknicken und sogar zelten (Reservierungen Tel. 546 4521).

Wer sich für Kunst interessiert, sollte im **„Museum of Art",** 1 East Las Olas Bvd, Telefon 763 6464, vorbeisehen, das eine sehr interessante Völkerkundeabteilung hat.

Sightseeing im offenen Straßenbahnwagen bietet der **Voyager Sightseeing Train** an. 600 South Seabreeze Bvd., Tel. 463 0401.

Exzellente italienische Küche gibt es in der **„Casa Vecchia",** 209 Birch Road, Tel. 463 7575. Man ißt im historischen Ambiente des vorigen Jahrhunderts. Dabei sollte man auch einen Blick auf die schönen Gemälde werfen.

Alle Arten von Krabben- und Rind-

Kanu-Ausflug

Südflorida

fleischgerichten werden im **„The Down Under"** serviert. 3000 East Oakland Bvd, Tel. 563 4321.

Fort Myers 5

An der Westküste, erreichbar über US 75 Fort Lauderdale – Fort Myers, US 41 Tampa – Sarasota – Fort Myers. Telefonvorwahl 813. Chamber of South West Florida, PO Box CC, Tel. 334 1133. Greater Fort Myers Beach Chamber of Commerce, 1661 Estero Bvd., Tel. 463 6451. Lee County Tourist Development Council, 2126 1st Street, Tel. 902 2445.

Alligatoren

Fort Myers ist die Hauptstadt des **Lee Counties,** das den **Caloosahatchee** flußaufwärts ein Stück ins Landesinnere und südwärts fast bis Naples reicht. Darüberhinaus gehört die Inselgruppe um Sanibel, Captiva, Estero und Pine dazu.

Die Stadt selbst besitzt wunderschöne Palmenalleen und ein um die Jahrhundertwende entstandenes, geschmackvoll restauriertes Geschäftsviertel.

Fort Myers wurde durch einen seiner Bürger besonders bekannt: **Thomas Alva Edison,** den Erfinder der Glühlampe. Sein Winter-Home am Mac Gregor Boulevard 2350 ist heute noch so, wie es zu seinen Lebzeiten war: voll eingerichtet, mitsamt Labor und botanischem Garten. Man erzählt sich, er hätte auch das erste moderne Schwimmbad Floridas gebaut. (Geöffnet Mo.–Sa. 9–16, sonntags 12.30 –16 Uhr.)

gangspunkt für Schiffahrten in die Everglades, den **Caloosahatchee** entlang und zu den schönen vorgelagerten Inseln, die früher mal ein Geheimtip waren. Heute noch erfreuen sich dort Kinder am Muscheln-Sammeln,

COLIBRI GEHEIMTIP Wer Florida durchqueren möchte, um an den Golf von Mexiko zu gelangen, sollte von Fort Lauderdale aus die **Alligator Alley** (Everglades Parkway / US 75) benutzen. Sie ist zwar mautpflichtig, führt aber durch ein landschaftlich ungeheuer reizvolles Gebiet, das Seminolen Reservat **„Big Cypress Seminole Reservation"** und den dazugehörigen Naturschutzpark.

Noch heute sind Fischerei, Gemüseanbau und Blumenzucht wesentliche Wirtschaftsfaktoren von Fort Myers, wichtiger ist jedoch der Tourismus. Das Städtchen ist Ausdie Natur ist dank der **Sanibel-Captiva Conservation Organisation** einigermaßen unberührt geblieben. Sehr schön ist auch das Vogelschutzgebiet **Bird Sanctuary**

Südflorida

(Tarpon Bay Road) und das **J.N. Darling Natural Wildlife Refuge** auf Sanibel lädt zu einem ausgedehnten Spaziergang ein (Picknick-Möglichkeit).

Tolle Rindfleisch- und Meeresfrüchte-Spezialitäten erhält man im **„Coconut Grove"** auf Sanibel, Periwinckle Way an der Tarpon Bay, Tel. 472 1366.

Everglades Jungle Cruise, City Yacht Bassin, Lee Street, Tel. 334 7474; Caloosahatchee: **Sun Coaster,** Tel. 902 2445.

Im Meer fischen läßt es sich am besten in Fort Myers Beach auf Sanibel im **Lynn Hall Park** am Strand und im **Carl John Park** (Causeway).

Hollywood 6

US 1, ca. 27 km nördlich von Miami. Greater Hollywood Chamber of Commerce, 330 North Federal Hwy., Tel. 920 3330, geöffnet: Mo.–Fr. 9.30–17 Uhr.

Auch wenn er so heißt, der Ort hat mit der Filmbranche nichts zu tun. Er ist vielmehr ein Paradies für Golfer, seine 17 Plätze locken Golfliebhaber aus allen Teilen der Welt an. Doch auch der zehn Kilometer lange Strand ist großartig, ein Teil davon ist die wunderschöne Promenade **„Broadwalk"**.

Wer vom Strand genug hat, kann es wie viele amerikanische Familien machen: sie verbringen einen kompletten Tag im **„Hollywood Fashion Center"** (US 441 / Hollywood Boulevard) beim Einkaufen in über 90 Läden, wo alles zu haben ist, beim Bummeln und in Cafés oder Restaurants unter Palmen.

Größte Attraktion ist jedoch das **„Water Kingdom Atlantis"**, 2700 Stirling Road, auf der Strecke nach Fort Lauderdale, ein riesiger Wasser-Vergnügungspark. Täglich von 10–20 Uhr, freitags und samstags bis 22 Uhr geöffnet.

„Gepetto's Tale O' The Whale" – Gepettos Märchen vom Wal ist ein Restaurant, das für kleine Überraschungen gut ist. Soviel sei verraten: es besitzt einen guten Weinkeller. 1828 Harrison, Tel. 920 9009.

Für Nachtschwärmer bietet das **„Historic Hemingway"**, ganz in historischem Stil der 30er Jahre eingerichtet, alles was das Herz begehrt: Restaurant, Broadway Shows, Jazz– und Pop Konzerte und last not least eine Diskothek – allerdings zu stolzen Preisen.

2 km südlich, in Hallandale, finden im **Gulfstream Park** die berühmtesten Pferderennen Floridas statt, die

Vogelschutzgebiet Bird Sanctuary

Südflorida

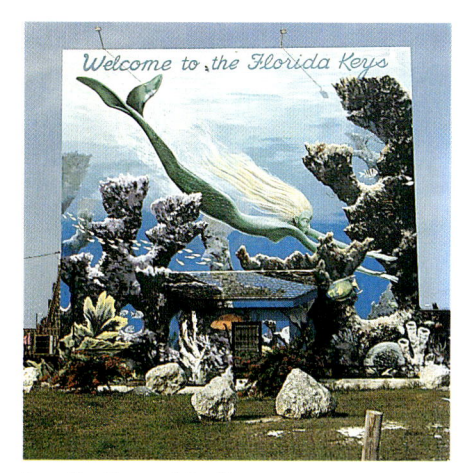

Bemaltes Haus auf den Keys

weltweit einen hervorragenden Ruf genießen. Sie werden jährlich von über 1 Million Gästen besucht. Täglich außer montags, zwischen 15. Januar bis 6. März, um 13.15 Uhr. Tel. 454 7000. In den anderen Monaten ist der Park zwischen 10 und 16 Uhr geöffnet.

Islamorada 7

🛈 17 km südwestlich von Tavernier. Chamber of Commerce, Mile Marker (MM) 82,5, Tel. 664 4503.

Die „Purpur-Insel", wie Islamorada aus dem Spanischen übersetzt heißt, hat ihren Namen durch die Farbe ihrer Korallen – sie muß die spanischen Conquistadores seinerzeit sehr beeindruckt haben.

Außergewöhnlich und interessant ist hier das **Theater of the Sea** (MM 84, Tel. 664 2431, von 9.30–17.30 Uhr geöffnet), das Vorbild für alle anderen Delphin-Shows sein sollte. Es hat sich dem Tierschutz verschrieben, und entsprechend sind die Delphine untergebracht: nicht in engen Becken, sondern in einer weiten, fast natürlichen Lagune unter freiem Himmel. Hier werden sie aufgezogen und dressiert, alles vor den Augen der Besucher, denen über Monitore die Methoden und Prinzipien der Dressur erklärt werden. Wer will – und sich bereits Wochen vorher angemeldet hat – kann etwa 30 Minuten lang gemeinsam mit den zahmen Delphinen baden, ein beeindruckendes Erlebnis, allerdings auch zu einem wahrhaft tierischen Preis.

Das „**Green Turtle Inn**", MM 81,5 (Tel. 664 9031) und das „**Whale Harbor Inn**", MM 83,5 (Tel. 664 4959) servieren gutes Essen zu annehmbaren Preisen.

Key Largo 8

🛈 76 km südlich von Downtown Miami, die erste Insel der Keys. Chamber of Commerce, 103400 Overseas Highway, Tel. 451 1414.

Humphrey Bogart und **Laureen Bacall**, das Traumpaar der 40er und 50er Jahre, haben diese Insel weltberühmt gemacht: Hier wurde 1948 „Gangster in Key Largo", einer ihrer besten Filme gedreht. Key Largo ist die

---

COLIBRI GEHEIMTIP

Etwa 18 km südlich von Fort Myers (über die Bundesstraße 75) lockt der **San Carlos Park** mit Waltzing Waters (walzertanzende Wasser) – spektakulären Wasser-, Licht- und Musikshows. San Carlos Park, Telefon 267 2533, geöffnet von 9–21.30 Uhr, Eintritt für Kinder unter 7 frei.

65

Südflorida

nördlichste der Keys, und zugleich auch die größte, 47 km lang, jedoch nie breiter als 3 km präsentiert sie sich als erste tropische Insel dem Besucher. Mit Palmen, strahlend weißen Stränden und ihrer größten Sehenswürdigkeit, dem einzigen noch lebenden Korallenriff der Staaten. Es gehört zum **John Pennekamp Coral Reef State Park** (MM 102, Schalteröffnung 8.30 Uhr).

Dieser schon fast einzigartige Park, der 210 Hektar Korallenriff unter Wasser umfasst, ist mit Glasbodenbooten zu besichtigen. Erheblich reizvoller ist es zu tauchen, doch sollte man für diesen Park bereits Tauchkenntnisse besitzen, da die Gefahren sonst zu groß sind. Über 600 Fischarten schwimmen um die 40 verschiedenen Korallenbänke, ein großartiges Schauspiel. Entlang der Küste kann man überall Boote und Taucherausrüstungen mieten oder an Ausflügen teilnehmen.

Im Park selbst, nahe des Hafens, werden **Touren** per Boot und Schnorchelmaske angeboten (Reservierungen: Tel. 451 1621, Dauer: ca. 2 1/2 Std.) Sie beginnen um 9, 12 und 15 Uhr. Wer kann, sollte um 9 Uhr daran teilnehmen, da weniger Leute mitfahren und das Licht erheblich besser ist.

Besonders exzellente Fisch- und Schalentiergerichte, nach aus-

> **COLIBRI GEHEIMTIP**
>
> Rund 12 km südlich von Key Largo liegt die Insel **Tavernier**, benannt nach einem französischen Piraten. Sie ist das **Vogelparadies** schlechthin.

gesprochen raffinierten Rezepten zubereitet, kann man im „**Fish House**" (MM 102,4, Telefon 451 4665, 11–22 Uhr) genießen, zu durchaus akzeptablen Preisen.

Keys

US 1 Miami – Key West. Bus: Greyhound 2mal täglich von Miami – Key West. Key Visitors' Center, Key Largo, Mile Marker (MM) 103,4, Tel. 451 1414. Täglich, außer an Feiertagen, von 9–18 Uhr geöffnet. Telefonvorwahl 305.

Die weltberühmten Keys, die Karibik Floridas, bestehen aus unzähligen kleinen Korallenriffs, die sich auf 290 km Länge von **Key Biscayne** (Miami) halbmondförmig bis zu den **Dry Tortugas** („Trockene Schildkröten") ziehen. Die Dry Tortugas, von den Bewohnern Floridas auch gerne leicht spöttisch „Ende der Welt" benannt, sind nur noch etwa 145 km von Havanna (Kuba) entfernt.

Muschel-Strand

Südflorida

Auf der US 1, auch „**Overseas Highway**" genannt, kann man über etwa 45 Brücken die 43 Keys entlangfahren. Sie sind unterteilt in „upper", „middle" und „lower" Keys. Die Idee, die Inseln miteinander zu verbinden und dem Festland anzuschließen, stammt aus dem 19. Jahrhundert, man wollte die Zuckerinsel Kuba auf dem Landweg erreichen. 1880 startete Flagler das Projekt, eine Eisenbahntrasse bis **Key West** zu bauen, um den Zuckertransport zu erleichtern. Die Strecke wurde jedoch nur bis 1926 genutzt und dann durch einen Orkan zerstört. 1982 begann hierfür übrigens ein ungeheurer Restaurierungsaufwand, der erst vor wenigen Jahren beendet wurde. Inzwischen ersetzen Frachtflugzeuge den Bahn- und Schiffsverkehr – die frühere Pan American Airlines begann auf dieser Strecke ihren ersten Liniendienst.

Die bekannteste der Keys – und vielleicht auch schönste – ist sicherlich **Key West,** doch auch die anderen haben ihren Charme. Traumhafte grünschimmernde Buchten, das Meer in allen Blautönen, das Grün der Pinien in den weißen Dünen – die Keys bestechen durch ihre Farbenpracht. Daß die Strände künstlich aufgeschüttet sind, ist kaum zu glauben.

Hemingway's Veranda

Key West 10

Greater Key West Chamber of Commerce, 402 Wall Street (Old Mallory Square), Tel. 294 2587, täglich von 9–17 Uhr geöffnet.

Key West ist eine der wenigen Städte der USA, die den Kolonial-Stil erhalten konnte. So gut wie kein Beton ist hier zu finden, dafür Holzhäuser, die den besonderen Charme des Ortes ausmachen. Demzufolge übte und übt Key West eine schon fast magnetische Anziehungskraft auf Künstler aus. Die berühmtesten unter ihnen sind **Tennessee Williams** und **Ernest Hemingway,** die beide mehrere Jahre in Key West zuhause waren. Die „Insel der Conch-Muschel", auch die Einheimischen nennen sich nach dieser spiralförmigen weißen Muschel, war einst ein Piraten-Schlupfloch. 1822 wurde ein Stützpunkt der amerikanischen Navy hier eingerichtet, der die Keys vor kubanischen Übergriffen schützen sollte. Von hier startete 1962 die berühmtberüchtigte Invasion der Schweinebucht.

Den besten Eindruck von Key West erhält man, wenn man den „**Pelican Path**" in der Altstadt entlang radelt (Stadtplan in der Touristeninformation erhältlich!). Dies sollte man allerdings möglichst früh tun, bevor die Sonne zu sehr herunterknallt und damit auch das strahlende Weiß oder die zarten Pastellfarben der Häuser keineswegs mehr so beeindruckend wirken

67

Südflorida

Typische Holzhäuser

läßt. In den Gärten sieht man überall büschelweise Hibiskus und Bougainvillen, eine zauberhafte Ergänzung zu den karibischen Holzhäusern. Einen kostenlosen Führer, den **„Solares Hill's Walking and Biking Guide"**, erhält man an den meisten Zeitungsständen.

Hemingways Haus, 907 Whitehead Street, ist eines der wenigen Steinhäuser der Insel – im spanischen Kolonialstil errichtet. In den 30er Jahren schrieb er hier unter anderem „Schnee am Kilimandscharo". Das Haus kann man von 9–17 Uhr besichtigen.

Audubon's House, Green Ecke Whitehead Street, ist ein hervorragendes Beispiel für die karibische Architektur (geöffnet von 9.30–17 Uhr). Im Innerern sind einige Zeichnungen und Kupferstiche des Ornithologen **James Audubon** zu sehen.

„The Oldest House", 322 Duval Street, das angeblich älteste Haus der Insel, wurde um 1828 von **Richard Cussans** errichtet. Es war bis 1974, wo es in das **„Wrecker's Museum"**, einem kleinen Marine Museum, umgewandelt wurde, unbewohnt.

An der **„Wrecker's Wharf"**, 633 Front Street, steht das **„Spanish Treasure Ship"**, eine Kopie der spanischen Galeone **„Nuestra Senora de Atocha"**, ausgerüstet mit beeindruckenden Kanonen. Im Inneren sind authentische Ausstellungsstücke aus Florida und den Antillen zu besichtigen.

Schätze von Tauchausflügen gibt es auch bei der **„Treasure Salvors Inc."**, 200 Greene Street zu sehen (täglich von 10–17 Uhr). Angeblich entstammen die Schätze der **„Atocha"**, die 1622 in der Höhe von Key West sank. Mel Fisher, der Besitzer der „Treasure Salvors", hob ihn im Sommer '85.

Key West sollte man am besten per Fahrrad erforschen, es ist hier sowieso das gängige Fortbewegungsmittel. Verleihstellen: Bike Shop, 1110 Truman Avenue, Tel. 294 1073 und Moped Hospital, 601 Truman Avenue, Telefon 296 3344. Beide sind täglich geöffnet.

Südflorida

Die Keys, einschließlich der **Tortuga Inseln**, kann man auch aus luftiger Höhe vom Flugzeug aus besichtigen: Key West Seaplane Service, 5603 W Junior College Road, Telefon 294 6978.

Das „**Banana Café**", 1211 Duval Street, ist ein Treffpunkt der Einheimischen, die hier in aller Ruhe auf der Terrasse ein Frühstück oder eine Zwischenmahlzeit einnehmen. Essen sollte man auch einmal bei „**Kelly's**", Caroline Ecke Whitehead Street. Unter Palmen kann man hier den tropischen Abend genießen.

Eine „besondere" Kneipe ist „**Captain Tony's Saloon**", 428 Greene Street, untergebracht in einem historischen Bauwerk. Sein Besitzer hat sich nicht nur als Politiker einen Namen gemacht, sondern auch durch Bootsfahrten mit dem Ziel, schiffbrüchige Kubaflüchtlinge aufzunehmen.

Das Leben Hemingways kann man an einer Wand in „**Sloppy Joe's**", 201 Duval Street, nachvollziehen. Photos, Zeitungsausschnitte und sogar ein Manuskript hängen dort, „Sloppy Joe's" wurde

> **COLIBRI GEHEIMTIP** Im ehemaligen **Martello Fort** ist die „**East Martello Gallery & Museum**" untergebracht, die Gemälde und Skulpturen des Kubaners **Mario Sanchez** und eine Sammlung von Kunstgegenständen der Keys zeigt.

beinahe schon zum Mythos – und ist entsprechend überfüllt. Um den 21. Juli, Hemingways Geburtstag, findet dem Schriftsteller zu Ehren ein einwöchiges Festival statt.

Marathon 11

55 km südwestlich von Islamorada. Chamber of Commerce, 3330 Overseas Highway, Tel. 743 5417.

Marathon, im Herzen der **Middle Keys** gelegen, wurde in den letzten Jah-

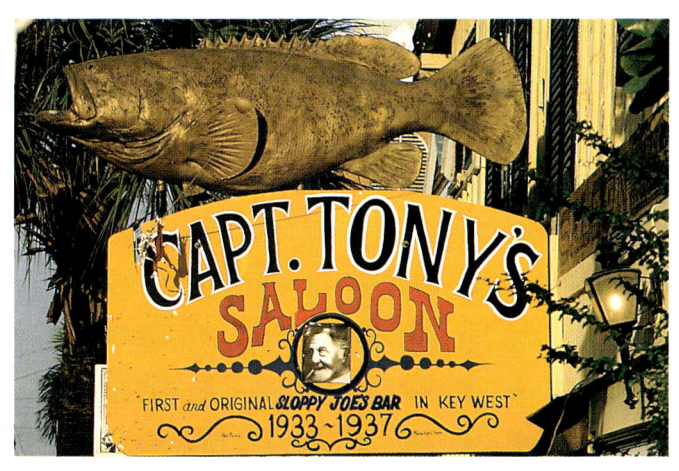

Kneipen-Schild

Südflorida

Miccosukee-Indianerin

ren immer mehr für den Tourismus ausgebaut, wie auch die Nachbarinseln **Key Vaco** und **Pigeon Key.** Die Fischerei ist zwar vorläufig noch die wirtschaftliche Hauptstütze, doch wird ihr langsam, aber sicher von der Immobilienbranche der Rang abgelaufen. Entsprechend kann man sich hier beim „Night-Life" austoben, sogar einen 18-Loch Golfplatz und einen kleinen Flughafen gibt es.

2 km vor Marathon liegt **Grassy Key,** das wegen seiner Delphin-Schule bekannt ist. („Flipper Show's" täglich um 10, 12 und 14 Uhr, Telefon 289 1121).

Für Naturliebhaber sind die Inseln **Key Vaca** mit dem **Crane Point Hammock,** einem Naturschutzpark, und vor allem **Big Pine Key** von größerem Interesse. Auf Big Pine Key, das man nach etwa 25 km Fahrt über **Noname Key,** Bahia Honda und Spanish Harbor erreicht, liegt der Wildschutzpark „**National Key Deer Refuge**" mit seltenen Reiherarten und Damwild.

Eine etwa zweistündige Key-Rundfahrt wird an den **Sombrero Docks** auf Grassy Key angeboten. Ablegezeiten: 10 und 14 Uhr. Reservierung unter Telefon 743 4721.

Gelüste auf Fisch und Schalentiere lassen sich am besten im „**South Seas Seafood House**", 1477 Overseas Highway, Marathon oder – etwas luxuriöser und somit kostspieliger – im „**Rainbow Bend Fishing Club**", Marathon Shores auf Grassy Key stillen.

Miccosukee Indian Village 12

54 km westlich von Miami an der US 41 (Tamiami Trail), Telefon 223 8388.

In diesem noch immer bewohnten indianischen Dorf läßt sich nachvollziehen, wie der Stamm der **Miccosukee,** der im Gegensatz zu den restlichen **Seminolen** nicht nach Oklahoma deportiert wurde, einst in den Everglades lebte. Man kann bei der Herstellung des traditionellen indianischen Kunsthandwerks zusehen, ein kleines Handwerksmuseum besichtigen, in einem bescheidenen, aber typischen Restaurant etwas zu sich nehmen und – wie sollte es auch anders sein – in den Souvenirläden Erinnerungsstücke erstehen. Indianische Führer erklären und beantworten die Fragen der Besucher bezüglich ihrer Tradition und Lebensweise. Auf diese Weise lernt man die schlichte, aber eindringliche Philosophie der **Miccosukee** kennen: „Die Erde ist Teil unseres Körpers. Sie wird immer für uns sorgen, sofern wir mit ihr in Harmonie leben ... ".

Südflorida

COLIBRI GEHEIMTIP

Wer Glück hat, kann Natur der besonderen Art genießen: an den wenigen stillen **Buchten von Marathon** leben kleine Herden einer seltenen Seekuhart.

Monkey Jungle 13

35 km südlich von Miami, 14805 SW 216 Street, südlich der Hauptstraßenausfahrt 216 Street West. Geöffnet täglich von 9.30–17 Uhr, Tel. 235 1611.

Ein Zoo der umgekehrten Art – hier sind die Menschen eingesperrt und die Affen laufen frei herum. Ganze Affenkolonien toben durch einen üppigen Tropendschungel und besichtigen gelegentlich ihre unbehaarten Artgenossen. Besonders interessant ist der **Wild Monkey Swimmingpool,** das Schwimmbad der wilden Affen, der **Amazing Rainforest,** das **Ape Encounter** und die Shows – letztere scheinen den Schimpansen ebensoviel Spaß zu machen wie den Zuschauern.

Die Affen wurden übrigens im Zuge der Dreharbeiten von „Tarzan" mit Johnny Weißmüller nach Florida gebracht. Offensichtlich hat ihnen diese Ecke gefallen – sie haben sich jedenfalls rasch vermehrt.

Naples 14

Über die Alligator Alley von Fort Lauderdale (126 km), oder die US 41 oder 75 südlich von Fort Myers. Telefonvorwahl 813. Naples Area Chamber of Commerce, 1700 North Tamiami Trail, Tel. 262 6141. Geöffnet Mo.–Fr. 8.30–17 Uhr.

Wer durch Naples' Umgebung fährt, dem werden zuerst die riesigen Gemüsefelder auffallen – kein Wunder, Naples ist der viertgrößte Gemüseproduzent Floridas. In den letzten Jahren wurden seine herrlichen Strände am Golf von Mexiko für den Tourismus entdeckt, zahllose Immobilienagenturen ließen sich hier nieder, Appartmenthäuser (Condominiums) wurden errichtet, kurz, Naples wurde „verstädtert". Doch trotz dieser Veränderungen konnte die Stadt die Schönheit ihrer Bucht erhalten – die Einheimischen vergleichen sie gern mit dem Golf des Namensvetters Neapel in Süditalien.

3 km nördlich (US 41) liegt der **African Safari Park,** in dem man wilde Tiere, darunter auch Löwen und Tiger in freier Wildbahn beobachten kann. Achten Sie darauf, im Wagen sitzen zu bleiben und die Fenster geschlossen zu halten! Dem Safari Park angeschlossen sind die **Caribbean**

Totempfahl

Südflorida

Gardens, die Gärten der Karibik. (Ecke Fleischmann Bvd. und Goodlette Road). Parköffnungszeiten: 9.30–17 Uhr. Telefon 262 4053.

Ebenfalls interessant für Naturgeschichtler ist das **Big Cypruss Nature Center,** 1890 Goodlette Road, geöffnet 9–17 Uhr. Von hier aus erreicht man über die FL 951 **Marco Island.** Die Insel, etwa 46 km südlich von Naples gelegen und über zwei Brücken mit dem Festland verbunden, sollte bereits 1870 zu einem Tourismuskomplex mit Golfanlage ausgebaut werden. Jedoch haben sich die Träume von **Barron Collier** und **Jacob Ruppert** nicht realisieren lassen – die Konkurrenz von Miami und Umgebung, gesponsort von **Flagler,** war einfach zu groß. Auch heute noch hat Marco Island nur knapp 5000 Einwohner.

Nördlich von Naples, etwa 20 km über die US 41, liegt **Bonita Springs** mit dem dazugehörigen **Bonita Beach,** ca. 2 km westlich. Von hier aus erreicht man die **Everglades Wonder Gardens** (Wundergärten der Everglades). Sie sind mit vielen Reptilienarten bevölkert und es lohnt sich, an einer der 9–17 Uhr organisierten Führungen teilzunehmen (Voranmeldung unter Tel. 992 2591).

Palm Beach 15

US 1, Miami – West Palm Beach / Palm Beach. Busverbindung: Greyhound von Miami oder Fort Lauderdale. Telefonvorwahl 407. Palm Beach Country Convention and Visitors' Bureau, 1555 Palm Beach Lakes Bvd, Suite 204, West Palm Beach. Tel. 471 3995. Geöffnet Mo.–Fr. 8.30–17 Uhr.

Auch Palm Beach verdankt seine Existenz dem Eisenbahnmagnaten **Henry M. Flagler.** 1894 baute er diesen Badeort für die reichen Industriellen als Luxusferienort. Dementsprechend ist er mit Hotels der obersten Kategorie, riesigen Villen, Luxusrestaurants und Geschäften ausgestattet. Palmen säumen die Straßen, ein kleines Paradies, das damals – und zum Teil auch heute noch – für einen nur kleinen Teil der Bevölkerung reserviert war. Auf der anderen Seite des **Lake Worth** schuf Flagler **West Palm Beach** – hier wohnten ursprünglich die Angestellten der pompösen Hotels und Villen von Palm Beach.

Heute hat West Palm Beach seine Schwesterstadt an Größe und Bevölkerungszahl um Längen geschlagen und ist **administratives und wirtschaftliches Zentrum** geworden. Zu sehen gibt es allerdings nicht viel. Wer jedoch hier ist, sollte auf jeden Fall einen Blick in die **Norton Gallery and**

Blick über den Lake Worth

Südflorida

School of Art werfen (South Olive Avenue, östlich von South Dixie Hwy.). Hier sind zeitgenössische amerikanische Malerei, einige französische Werke und zahlreiche chinesische Kunstgegenstände aus Keramik und Jade ausgestellt. Geöffnet Di.–Fr. 10–17, an Wochenenden 13 bis 17 Uhr.

Eine weitere Sehenswürdigkeit ist das **South Florida Science Museum** (Parkers Av. / Summit Bvd.) mit verschiedenen wissenschaftlichen Ausstellungen, einem Planetarium und einem Observatorium. Geöffnet Di.–Sa. 10–17 Uhr, sonntags ab 13 Uhr.

Palm Beach dagegen hat etwas mehr zu bieten: allein schon das „feeling like a millionaire" ist den Bummel wert. Hier soll sich übrigens, laut Aussage der Einheimischen, mehr Geld auf einem Quadratzentimeter befinden, als an anderen Orten der Welt. Wer durch Palm Beach schlendert, glaubt dies gerne. Ein Blick in die Auslagen an der Worth Street, wo eine Luxusboutique die andere überbietet, genügt – die Preise sind atemberaubend. Der Spitzname „Tummelplatz für Millionäre" ist durchaus gerechtfertigt.

Imponierend ist auch die **Royal Poincania Plaza**, in dessen Nähe ein touristisches „Muß" liegt: das **Flagler** oder **Whitehall Museum** an der Coconut Row. Der Gründer Palm

> **COLIBRI GEHEIMTIP**
>
> Nordwestlich von Palm Beach liegt der zweitgrößte See der Vereinigten Staaten: der **Lake Okeechobee.** Hier können Sie sich ihr Abendessen selber angeln: Großmaulbarsche.

Beachs ließ den Marmorpalast 1901 für seine Frau errichten, ab 1925 wurde er zu einem der mondänsten Hotels Palm Beachs: dem **Royal Ponciana Plaza.** Zum Museum wurde es 1960. Umfangreiche Sammlungen von Porzellan, Silber, Gemälden und Möbeln sowie eine Replique von Flagler's Privatwagon sind hier zu sehen. Geöffnet von 10–17 Uhr, sonntags ab 12 Uhr, montags geschlossen. Alljährlich wird hier am 1. Samstag im Februar das Henry M. Flagler Fest gefeiert – ganz im Stil der Jahrhundertwende.

Ebenfalls ein Flagler-Hotel ist **„The Breakers"** von 1926, im Stil einer italienischen Villa. Hier bekommt man ein opulentes Frühstück, sonntags Champagner-Brunch – sogar zu halbwegs vernünftigen Preisen.

Wer in Palm Beach billig essen gehen will, sollte sich auf Pizza, Salat oder Sandwiches beschränken. Ausgezeichnet sind diese im **„Toojay's"**, 313 Poncania Plaza, und im **„Nature's Way"**, 240 Worth Street – in einem hübschen Innenhof gelegen. Beide sind von morgens 8–18 Uhr, manchmal sogar bis 20 Uhr geöffnet.

Im **„Royal Poncania Playhouse"**, 70 Royal Poncania Plaza werden Shows „à la Broadway" geboten – New York in Palm Beach. Information unter Tel. 659 3310.

Eine Luxus-Stadtrundfahrt mit Limousine und Chauffeur bietet **Classic Motor Tours** an. Infos in jedem Hotel und im Chamber of Commerce, Coconut Drive.

Bei einem „Greyhound Racing", einem **Windhundrennen**, kann man von Mitte Januar bis Mitte Mai täglich, außer sonntags ab 20 Uhr zusehen. Der Rennplatz, **Palm Beach Kennel Club,** liegt nördlich des Flughafens an der Belverdere Ecke Congress Road (Ausschilderungen folgen). Reservierungen unter Telefon 683 2222.

73

Miami

Kunst und Kultur

- ① Art Deco District B6
- ⑤ Center for the Fine Arts C3
- ⑥ Coral Gables D3
- ⑮ Vizcaya Art Museum D3

Sehenswürdigkeit

- ② Bayfront Park C4
- ⑧ Fairchild Tropical Gardens F2

Erlebnis

- ③ Bayside Market Place C4
- ④ Coconut Grove E2
- ⑦ Downtown Miami B4
- ⑨ Hialeah A 1/2
- ⑩ Key Biscayne E/F 5
- ⑪ Little Havanna C3
- ⑫ Miami Beach B6
- ⑬ Miami Metro Zoo F1
- ⑭ Parrot Jungle F1

Miami

Am Ocean Drive in Miami Beach

US 1 und 95 Jacksonville – Miami, US 75 Ft. Myers – Naples – Miami. Greater Miami Convention and Visitors Bureau, Suite 2700, 701 Brickell Avenue, Tel. 539 3092; Visitor's Center im Chamber of Commerce of Miami Beach, 1920 Meridian Avenue, Tel. 672 1270. Geöffnet: Mo.–Fr. 8.30–17.30 Uhr; Sa. 10–16 Uhr; So. geschlossen. Allgemeine Telefonvorwahl 305.

Auf den ersten Blick scheint Miami, die **inoffizielle Hauptstadt Floridas,** für das ungeübte europäische Auge der Prototyp einer amerikanischen Großstadt zu sein. Schillernde **Wolkenkratzer** aus Stahl und Glas beherrschen das Stadtbild, prägen die Skyline und alles scheint – und ist – einige Nummern größer als in Europa. Die Straßen breiter, die Autobahnen zahlreicher, die Autos größer, die Häuser höher, der Raum weiter ... und das alles vor der traumhaften Kulisse eines türkisblauen Meers sowie strahlend weißer Strände. Dies gilt jedoch alles in erster Linie für **Miami Beach,** das tatsächlich den amerikanischen Klischees von (mehr oder weniger) unaufdringlichem Luxus, Lebendigkeit und Abwechslungsreichtum entspricht. Dieser Teil der Stadt hat alles zu bieten, was das Herz begehrt. Demzufolge wurde Miami über viele Jahre hinweg Zentrum einer „internen Einwanderungswelle": Das andauernde schöne Wetter zog immer mehr US-Bürger magisch an. Traumziel ist und bleibt Miami auch für hunderttausende süd-und mittelamerikanischer Einwanderer, allen voran die Kubaner: In **Downtown Miami** sieht man das andere Gesicht der Stadt – eng, stark bevölkert, gefüllt von quirliger Lebendigkeit.

Maßgeblich unterstützt hat diese Entwicklung **Javier Suarez,** der ab 1985 über viele Jahre hinweg Bürgermeister der Stadt war und den vor dem Castro-Regime fliehenden Kubanern jede Unterstützung gewährte. Doch heute hat sich auch hier Verzweiflung breit gemacht – der Verlust der Heimat, keine Arbeit, keine soziale Sicherheit, geringe Schulbildung und mangelhafte Kenntnisse

Miami

COLIBRI GEHEIMTIP

Die **Miami Design Preservation League** organisiert jeden Samstag eine ca. 90 Minuten dauernde Besichtigungstour durch den Art Deco District. Treffpunkt: um 10.30 Uhr am Welcome Center, 661 Washington Street.

der englischen Sprache: ein idealer Nährboden für Hoffnungslosigkeit, der Kriminalität und Drogenhandel auf dem Fuß folgt. Somit gehören Teile Downtown Miamis gleichzeitig zu den gefährlichsten Latino-Vierteln der Staaten. Heute leben etwa 400.000 Kubaner in der Stadt, dazu kommt eine nicht unbeträchtliche Zahl Mexikaner und anderer lateinamerikanischer Nationalitäten.

Seinen Namen hat Miami von den Indianern, sie nannten das Gebiet „Mayami" was soviel wie „großer innerer See" bedeutet, womit die **Biscayne Bay** gemeint war. Die Indianer blieben in der Gegend bis 1836, im Zuge der Kriege wurde zu diesem Zeitpunkt am Miami River das „Fort Dallas" errichtet. 1870 kamen eine Poststelle und ein Laden hinzu, wodurch die Siedlung langsam zu wachsen begann. Vor etwa genau einem Jahrhundert zählte Miami lediglich 1500 Einwohner, erst durch den Eisenbahnanschluß 1896 begann die explosionsartige Entwicklung der heutigen Zweimillionenstadt.

Über sämtliche besonderen Ereignisse und das Nachtleben, sei es nun Theater, Restaurant oder Discothek, informiert die Broschüre „Welcome to Miami & the Beach", die kostenlos an den Touristen-Informationsschaltern erhältlich ist.

Art Deco District   1

Viertel zwischen der 5th und der 16 th Street.

Der Art Deco District ist das imposanteste Gebiet Miami Beachs – faszinierend ist die Architektur der Gebäude, die allesamt zwischen 1926 und 1943 errichtet wurden. Ein gewaltiger Orkan zerstörte 1926 sämtliche Bauten dieses Teils von Miami Beach, so wurde er in einem Stil, der damals „en vogue" war, neu aufgebaut: Pastellfarben und in allen Formen erheben sich die Gebäude, über 800 sollen es sein, in den ewig blauen Himmel. Und jeder Fotograf freut sich – auch wenn man sich den Gedanken an „Kitsch" manchmal nicht verkneifen kann.

1976 wurde die Liga zur Erhaltung von Miamis Design **(Miami Design Preservation League)** gegründet, die – dank zahlreicher Spenden, billiger Kredite und Steuererleichterungen – die run-

Art Deco District

Miami

den Fassaden, die verspielten Stuckdekors und die Neonbeleuchtung, die weiße Gebäudeteile erstrahlen läßt, erhalten konnte. Viele dieser Bauten wurden zwischenzeitlich in Hotels umgewandelt – wer „in" ist, übernachtet im Art Deco District, doch muß man dieses Vergnügen teuer bezahlen.

Nachtleben für Yuppies wird im **„Van Dome"**, 1532 Washington Avenue, geboten. Die frühere Synagoge ist von 22–5 Uhr geöffnet, korrekte Kleidung ist Voraussetzung. Nicht ganz so dick aufgetragen wird in der Jazz–Disco „Deco's Nightclub", 1235 Washington Avenue.

Eine Bar mit tropischem Ambiente ist der **„Island Club"**, 701 Washington Avenue.

Theater, Konzerte und Kabaret werden im Art Deco District en masse geboten. Unter anderem in der Konzerthalle **„Jackies Glason Theater of the Performing Arts"** (TOPA), 1700 Washington Avenue, Tel. 673 8300 und im Boulevard-Theater **„The Colony"**, 1030 Lincoln Road, Tel. 444 8228.

Kulturell Interessierte sollten unbedingt einen Abstecher in's **Bass Museum**, 2121 Park Avenue machen. Es ist klein aber fein, mit einer sehenswerten Gemäldesammlung aus dem 14. bis 19. Jahrhundert und wechselnden Ausstellungen moderner einheimischer Künstler. Di.–Sa.

COLIBRI GEHEIMTIP

Auf dem Gelände der **„Tropicaire"-Autokinos**, 7751 Bird Road, wird jedes Wochenende ein riesiger **Flohmarkt** abgehalten – wahrhaft amerikanische Dimensionen!

10 bis 17 Uhr, Sonntags 13–21 Uhr.

Warum Miami und Miami-Beach nicht aus der Vogelperspektive genießen: von **Watson Island** aus starten Hubschrauber-Rundflüge, die etwa 15 Min. dauern. Kosten: ca. 50 Dollar pro Person.

Bayfront Park 2

Zwischen Hafen, 125th Street und W. Dixie Highway. Trolley-Bus bis zum Hafen.

Der 12 Hektar große Bayfront Park zieht sich nördlich des **Bayside Market Place** an der Bucht entlang bis Riverwalk.

Besonders sehenswert ist bei Dunkelheit das Laser-Spektakel vom 30 Meter hohen Turm des japanischen Lichtkünstlers **Isamu Nogushi**.

In südlicher Richtung steht das neue Wahrzeichen Miamis: das **World**

Nächtliches Miami

Miami

Trade Center, ein 67 Stockwerke hoher, funktioneller „Baum" – aus Stahl und Glas.

Nördlich endet der Park am Hafen. Hier liegt die **„HMS Bounty"** in voller Takelage vor Anker, eine Nachbildung des durch das Buch „Meuterei auf der Bounty" berühmt gewordenen Schiffes aus dem 18. Jahrhundert.

Am Hafen legen auch Ausflugsboote ab, die **Rundfahrten** um Miami und Miami Beach anbieten. Eine Abwechslung, die man sich wegen der herrlichen Ausblicke nicht entgehen lassen sollte.

Bayside Market Place 3

ℹ️ Biscayne Boulevard, Höhe Jachthafen – Flagler Street. Erreichbar per Trolley-Bus und Metromover. Geöffnet von 8–22 Uhr, Fr. und Sa. bis 23 Uhr.

Der 1988 neu eröffnete Markt, ein **Neubaukomplex** mit Geschäften, Restaurants und mehreren **Pavillons,** ist ein sehr anschauliches Beispiel für die Sanierungs- und Neubauprojekte Miamis, die in den letzten Jahren das Bild der Stadt stark veränderten. Ihr Ziel war, die Stadt neu zu beleben, was auch teilweise und vor allem hier, gut gelungen ist. Immerhin kostete

Apartmenthaus

dieser Bau damals über 96 Mio. US-Dollar, doch scheint er seinen Preis wert zu sein: Der Bayside Market Place liegt ausgesprochen schön rund um den **Jachthafen.** Erbaut wurde er für die Gäste der großen Kreuzfahrtschiffe, die durch die Karibik fahren. Entsprechend hat der Bayside Market Place einen touristischen Touch – inklusive Animation: Mimen und Musiker bieten hier ihre Künste dar.

Coconut Grove 4

ℹ️ Im Süden Miamis gelegen, von Downtown aus mit dem Bus Nr. 1, dem Trolley–Bus oder der Metrorail erreichbar.

Coconut Grove galt früher als **Künstlerviertel** Miamis: Galerien und Künstlerwerkstätten lösten einander ab, der Lebensstil war das, was

---

COLIBRI GEHEIMTIP

Im neu erbauten großen **Freilichttheater** finden immer wieder Aufführungen oder Konzerte statt. Informationen und Karten im **Visitor's Center.**

---

man sich unter „Bohème" vorstellte. Er zog Künstler und Kunstinteressierte magisch an – doch mit den Besuchern kam der Kommerz. Heute ist von dem alten Charme nur noch wenig zu spüren, die Künstler sind aufgrund der rasant angestiegenen Preise wei-

Miami

Leuchtreklame

tergezogen. Was geblieben ist, sind teure Restaurants und Luxus-Boutiquen sowie Appartmenthäuser für Senioren, die ihren Altersruhesitz hierher verlegt haben.

Nightlife erlebt man bei Rock 'n Roll in der Disco **„Biscayne Baby"**, 3336 Virginia Street, Tel. 445 3752.

Hüte in allen Formen und Farben, für jedes Alter und jedes Portemonnaie findet man, zusammen mit passenden Schirmen, Schals und Handschuhen, bei **„Hats in the Belfry"**, 3138 Commodore Plaza, Tel. 444 3438.

Theater aller Art, einschließlich Komödien, Kabarets, klassischer Stücke und Konzerte, bietet das **Coconut Grove Playhouse**, 3500 Main Highway. Informationen unter Telefon 442 4000.

Center for the Fine Arts 5

101, Flagler Street, Tel. 375 1700.

Dieses Kunstzentrum ist in einem im Mittelmeer-Stil errichteten Gebäudekomplex untergebracht. Ihm angeschlossen ist die Hauptbibliothek und das Metro-Dade Kulturzentrum. Das Center of the Fine Arts ist bekannt für seine **Ausstellungen,** die zu den dynamischsten und ausgefallensten ihrer Art gehören. Immer wieder sind hier neue Richtungen bekannter Künstler zu besichtigen, aber auch Interpretationen bestimmter Themen wie „Abstraktion in Frage gestellt". Als bekannteste Künstler war der Maler, Bildhauer und Fotograf **Lucas Samaras** beispielsweise mit 200 Werken vertreten, außerdem die Andy-Warhol-Fotos von Christopher Makos, die Baldwin Sammlung von Toulouse-Lautrec und viele mehr. Liebhaber moderner Kunst sollten sich dieses Kunstzentrum also nicht entgehen lassen.

Coral Gables 6

Stadtteil südlich von Miami am Meer gelegen, erreichbar über den Dixie-Highway Richtung Kendall.

Coral Gables, ein fast reines Wohngebiet, ist für Architekturliebhaber auf jeden Fall einen Abstecher wert. Die meisten der ungeheuer reich wirkenden Häuser im Mittelmeer-Stil wurden von **George Merrick** in den 20er Jahren entworfen. Eine Besonderheit ist die **Venitian Pool,** an der Almeria Avenue Ecke De Soto Boulevard, ein ehemaliger Steinbruch, dem das Material für die umliegenden Gebäude entnommen wurde. 1924 hatte ein Architekt, angeblich der Onkel von Coral Gable, dem das Viertel ihren Namen gab, die Idee, das riesige Loch mit Wasser zu füllen und in einen Pool zu verwandeln. Er legte ihn in Form einer kleinen **Lagune** an, schlug Treppen und Grotten in die Felsen, schüttete einen kleinen Sandstrand auf und ließ Brücken im venezianischen Stil errichten. Die Anlage ist an Originalität kaum noch zu überbieten, man sollte sich wirklich etwas Zeit dafür neh-

Miami

COLIBRI GEHEIMTIP

Eine weitere Attraktion Coral Gables ist das **Lowe Art Museum**, das eine umfassende Sammlung primitiver Kunst sowie orientalische und europäische Gemälde ausstellt.

men und relaxen. Geöffnet: im Sommer täglich von 10–19.30 Uhr; im Winter Di.–So. 11–16.30 Uhr, an Wochenenden ab 10 Uhr.

Ein schönes Einkaufszentrum, ähnlich dem Bayside Market Place auch mit Restaurants ausgestattet, ist das **Miracle Center** an der Miracle Mile in Coral Gables.

Klassisches Theater und Ballett wird in **„The Minorca Playhouse"**, 232 Minorca Avenue, Tel. 858 6501, angeboten.

Downtown Miami 7

Stadtteil nördlich des Miami River bis zur N.E. 36th Street.

„Downtown" ist das eigentliche Zentrum der Stadt, das trotz der sozialen Misere seiner Einwohner manche Sehenswürdigkeit birgt. Nach Einbruch der Dunkelheit sollte man sich jedoch hier nur noch im Auto oder Taxi bewegen, da die „Jagd auf Touristen" zum neuen Hobby mancher Einwohner geworden ist.

Am lebendigsten und buntesten geht es in der **East Flagler Street**, der South East 1st und 2nd Street zu: hier reiht sich ein Laden an den anderen – Schallplatten, Lebensmittel, technische Geräte, Boutiquen, kleine Restaurants und Cafés, allgemein „Kioskos" oder Quiscos" genannt – ein buntes Durcheinander.

Ebenfalls in Downtown findet man das **Gusman Center for the Perfoming Arts**, 174 East Flagler Street, Tel. 945 5180, eines der produktivsten Theater Miamis. Hier werden sowohl klassische wie auch moderne Stücke gegeben.

Karten für sämtliche Theater und Konzerte gibt's bei „Ticketmaster", die überall in der Stadt verstreut Schalter besitzen. Tel. 654 3309.

Wer Lust auf deutsches Bier hat, löscht seinen Durst am besten bei Akkordeon-Musik in der Kneipe **„Zum alten Fritz"**, 1840 North East Avenue.

Heiße südamerikanische Rhythmen und Tänze bieten Gruppen in farbenfrohen Kostümen im **„Les Violins"**, 1751 Biscayne Boulevard, Tel. 371 8668. Der Eintrittspreis von ein paar Dollar ist gerechtfertigt, die Möglichkeit, etwas zu essen, gibt es auch.

Fairchild Tropical Gardens 8

10901 Old Cuttler Road, Coral Gables, 2 km hinter Goulds. Geöffnet: täglich von 8.30–17.30 Uhr.

Nostalgischer Friseur-Salon

81

Miami

COLIBRI GEHEIMTIP

Den besten Fisch und die besten Schalentiere Miamis gibt's in den **„East Coast Fisheries"**, 360 W Flagler Street, geöffnet täglich von 11–22 Uhr. In einem unscheinbaren, niedrigen weißen Gebäude untergebracht, ist es schwer zu finden, doch die Geduld beim Suchen lohnt sich auf jeden Fall ! (Tel. 305 373 5514).

Der tropische Garten Miamis ist mit 33 Hektar der größte **Botanische Garten** der USA. Er ist traumhaft schön – farbenprächtige tropische Pflanzen aus aller Welt konkurrieren mit leuchtenden Blüten, im dichten Regenwald fühlt man sich in einen afrikanischen Dschungel versetzt, zahllose Palmen und ein Senkgarten runden das Bild ab.

Besonders seltene Pflanzenarten sind in einem Gewächshaus zu bewundern. Der Park wurde 1938 angelegt, damals mit dem Zweck, der Ausstellung, der Erziehung und der Forschung zu dienen – ein Projekt, das vollauf gelang. Er ist übrigens auch per Mini-Bahn zu besichtigen.

Hialeah 9

ℹ️ Viertel um die W. 29th Street.
In den Wintermonaten, zwischen Dezember und April, finden im **Jai-alai Stadion** die indianischen Wurfholz-Spiele statt.

🧺 Lateinamerikanische Korbwaren, wunderschön bunt eingefärbt, kann man in **„Painted Basket"**, 480 North West 73rd Avenue erstehen, Telefon 385 1998.

Key Biscayne 10

ℹ️ Südlichste Insel der Bay, gegenüber von Miami Beach. Erreichbar über den Rickenbacker Causeway (mautpflichtig) zum **Seaquarium.** Bus Linie B.

Die Insel, die den Spitznamen „luxury island" hat, schließt sich südlich an Miami Beach an. Hier finden sich die riesigen Villen der „oberen 10.000". Dennoch hat die Insel etwas von ihrem Glanz verloren, so ist der Nationalpark, einst berühmt für seine dichten Eukalyptuswälder, heute geschlossen. Auch die Strände, früher ein Inbegriff der „weißer Sand – blaues Meer – grüne Palmen" Romantik, sind heute leider weit von den üblichen Postkarten-Klischees entfernt.

Größte Attraktion Key Biscanes ist das **Seaquarium** – wer Delphin und Killer-Wal Shows liebt, sollte unbedingt hineinsehen. Auch ein Hai-Becken ist vorhanden. Das Seaquarium, das insgesamt etwa 120.000 Meeresbewohner beherbergt, ist weltweit für seine exzellenten Shows bekannt und wird inzwischen auf jedem Kontinent imitiert. Der Eintritt ist täglich zwischen 9 und 16.30 Uhr möglich, geschlossen wird die Anlage um 18 Uhr, Telefon 361 5703.

Delphin-Show

Miami

Neben dem Seaquarium liegt das **Planet Ocean**, 3979 Rickenbacker Causeway, das Multimedia-Shows über das fantastische Leben im Ozean zeigt. Geöffnet täglich von 10–18 Uhr.

Hervorragend zubereitete Meeresfrüchte aller Art werden im **"Rusty Pelican"** serviert – allerdings muß man dafür schon recht tief in die Tasche greifen. 3201 Rickenbacker Causeway, Tel. 361 3818.

Little Havanna 11

Stadtviertel zwischen der 7. und 27. Avenue und der 22. und 44. Straße.

Man glaubt wirklich, in Havanna zu sein – weniger wegen einer eventuellen Ähnlichkeit der Bauten als vielmehr wegen der typischen Atmosphäre dieses kleinen Stadtviertels. Die meisten seiner Einwohner kamen 1959 hierher, nachdem Fidel Castro im nur 200 km entfernten **Kuba** die Macht übernommen hatte. Zahllose kubanische Restaurants und Cafés wechseln einander ab, von überall her ertönt kubanische Musik, Kinder tanzen auf den Straßen – das Viertel pulsiert im Rhytmus der Musik, vor allem gegen Abend. Sogar die berühmten Zigarren werden in Anlehnung an die "Echten" per Hand gerollt. In der Zigarrenfabrik **"El Credito"**, 1106 SW 8 th Street, Tel. 858 4162, kann man dabei zuschauen.

Key Biscayne

Mit Englisch kommt man in Little Havanna nicht weit, in diesem Viertel ist Spanisch angesagt. Doch gelegentlich findet man ein Schild in den Fenstern der Restaurants oder Läden: "English spoken" – und das mitten in den USA! Abgesehen von seinem eigentümlichen Flair hat Little Havanna jedoch auch anderes Interessantes zu bieten: da ist zum Beispiel der winzige, aber hübsche **Maximo Gomez Park** an der 1444 SW 8 th Street, wo mit Begeisterung Domino gespielt wird, oder das Museum für kubanische Kultur, 1300 SW 12 th Avenue, in dem einige Werke kubanischer Künstler, darunter Rene Portocarrero, Carlos Enriques und Agostin Fernandez, und eine kleine Sammlung zur Geschichte Kubas zu besichtigen sind. Geöffnet ist es Mo.–Fr. von 10–17 Uhr, Sa. nur bis 14 Uhr. Zur Nachtzeit sollte man Little Havanna jedoch sicherhaltshalber verlassen, da hier die Kriminalitätsrate ziemlich hoch ist. Dezentes Verhalten ist grundsätzlich angebracht, kein wertvoller Schmuck und nur so viel Bargeld, wie man ausgeben will.

Kubanische Küche und kubanische Atmosphäre der besonderen Art ist im **"Versailles"**, 3555 SW 8th Street, geboten, man sollte sich durch den Namen jedoch nicht irritieren lassen. Geöffnet von 8–2 Uhr, freitags bis 3.30 und samstags bis 4.30 Uhr. Ab 22 Uhr geht meistens "die Post ab".

Miami Beach 12

Von Miami aus über den Venetian Causeway im Süden, den Julia Tuttle Causeway und den J. F. Kennedy

83

Miami

Causeway im Norden erreichbar. Visitor's Center im Chamber of Commerce of Miami Beach, 1920 Meridian Avenue. Geöffnet täglich außer Sonntag von 8.30–17.30 Uhr, samstags bis 16 Uhr.

Etwa 15 km zieht sich die Insel Miami Beach vor der Stadt Miami entlang, durch viele Brücken mit dem Festland verbunden. Nicht zu Unrecht sagt man, daß so mancher, der von weißen Stränden und sich im Wind wiegenden Palmen träumt, Miami Beach im Kopf haben muß. Hier begann vor Jahren Miamis Ruf als mondäner Badeort, den es sich bis heute, in letzter Zeit vor allem durch kulturelle Anstrengungen, erhalten konnte. Auch die älteren Hotels, darunter das riesige **Fontainebleau,** wurden modernisiert und erstrahlen in neuem Glanz. Kulinarische Genüsse aus allen Ländern der Welt werden geboten, die Schickeria tobt sich in den Läden der „Alta Moda" aus Italien aus, der „Normaltourist" stürzt sich auf Billigangebote aus Hongkong. Miami Beach, schillernd und ambitiös, bietet für jeden etwas. Schlag-

> **COLIBRI GEHEIMTIP** Im Februar findet 10 Tage lang das **Miami Film Festival** mit außerordentlich guten lateinamerikanischen Filmen statt. Wer Interesse hat, sollte die „**Film Society of Miami**" kontaktieren: 7600 Red Road, Tel. 377– FILM.

ader der Stadt ist der **Ocean Drive** mit unendlich vielen Restaurants, Bars und Kneipen. Einkaufsmeile ist die **Washington Avenue,** die ihren Glanz nicht zuletzt durch die Kunsthandwerkläden erhalten hat, und die **Lincoln Road Mall.**

Miami Metro Zoo 13

12400 SW 152nd Street West. Tel. 251 0400. Geöffnet täglich von 9.30–17.30 Uhr, Schalterschluß um 16 Uhr. In diesem recht beeindruckenden 120 Hektar großen Tierpark, der im Dezember 1981 öffnete, wird der natürliche Lebensraum der Tiere simuliert. Es gibt kaum noch Käfige, die weiten Gehege sind lediglich von tiefen Gräben umgeben, die die Tiere nicht überwinden können. So kann man sie beinahe wie in freier Wildnis beobachten. Die Stars des Tierparks sind zwei wunderschöne weiße Tiger, doch auch andere seltene Tierarten, wie Koalas, die in einem Eukalyptuswäldchen hausen, sind sehenswert.

Die verschiedenen Abteilungen, darunter auch ein Nachbau einer indonesischen und einer zentralafrikanischen Dorfanlage, kann man übrigens auch mit einem Bähnchen erreichen, was nicht nur Kindern Spaß macht. Auf dem Gelände befinden sich zusätzlich einige Restaurants, die für kulinarischen Genuß sorgen.

Parrot Jungle 14

11000 SW 57th Avenue, 18 km süd-

Parrot Jungle

Miami

lich von Miami an der Straße zu den Keys. Tel. 666 7834. Einlaß: täglich ab 9.30–17, ab 18 Uhr geschlossen.

Im **Papageien-Dschungel** leben heute etwa 1.200 Vögel der verschiedensten Arten und Herkunftsländer. Unzählige schmale Pfade führen durch diesen riesigen tropischen Garten, wie knallbunte Farbkleckse hocken überall die Papageien in den Bäumen, die auch ohne ihre Bewohner schon allein für sich interessant wären: Beispielsweise wegen der riesigen Ficus altissima, deren Äste sich zu Boden neigen und neue Wurzeln bilden. Gleichermaßen beeindruckend ist der **Kaktus-Garten** und ein englischer Park, in dessen Mitte ein kleiner See angelegt ist – Treffpunkt zahlloser rosaroter Flamingos.
Papageien-Shows finden alle 90 Minuten statt.

Miami-Beach-Musiker

Villa Vizcava Art Museum 15

32351 South Miami Avenue, Coconut Grove, südlich der Biscayne Bay. Bus Nr. 1 oder Metrorail. Geöffnet täglich von 9.30– 16.30 Uhr, letzte (kostenlose) Führung um 15 Uhr, der Park wird um 17.30 Uhr geschlossen.

Südlich des Geschäftsviertels von Miami liegt dieser wunderschöne Palast, der 1912 von **James Deering** im Stil der italienischen Renaissance errichtet wurde. Er gehört mit zu den schönsten Privatbauten der Staaten. Immerhin sollen 10 Arbeiter daran mitgewirkt haben – und dies zu einer Zeit, da ganz Miami nur knapp 100 Einwohner hatte. In seinen 70 Räumen ist eine herrliche Sammlung von zeitgemäßen europäischen Möbeln, ausgewählt von einem französischen Innenarchitekten, und außerordentlichen Gemälden zu besichtigen. Überraschend sind die Wände des Tee-Zimmers – sie wurden mit römischen Fresken ausgekleidet. Im Renaissance-Saal, wo sich 1987 Präsident Reagan und Papst Paul II. zu einer privaten Audienz trafen, steht ein Kamin aus dem 16. Jahrhundert, der aus einem französischen Schloß stammt. Der ganze Bau dient heute als Museum für dekorative europäische Kunst.

Sehr lohnend ist auch ein Spaziergang durch die wunderschön kultivierten **Gartenanlagen** – man fühlt sich wie in einer italienischen Villa. Die Ausstattung mit zahllosen Brunnen, Wasserfontänen und Statuen ist mehr als üppig.

Gegenüber des Palastes liegt das **Miami Museum of Science & Space Transit Planetarium,** das verschiedene Atrraktionen, darunter auch eine Laser–Show, anzubieten hat. Für technisch Interessierte ist es sicherlich sehenswert.

Geschichte

8. Jh. v. Chr. Zu dieser Zeit etwa wurde das Gebiet des heutigen Florida von Indianerstämmen besiedelt, die mit den Azteken und Mayas Mittelamerikas verwandt waren. Sie bauten prächtige Tempel und Grabstätten, von denen noch Reste erhalten sind.

1513 Juan Ponce de Leòn, vom spanischen König Ferdinand IV. ausgesandt, Bimini, eine Insel der Bahamas, zu erforschen, betritt als erster Weißer die Halbinsel. Er taufte sie wegen ihrer herrlichen Vegetation „Florida", die Erblühte. Wegen der feindseligen Haltung der Indianer mußte er sich schon nach wenigen Tagen zurückziehen. Dennoch leitete er die spanische Kolonisation Floridas ein.

1521 Leòn kehrt nach Florida zurück, diesmal mit einer kleinen Truppe, wird jedoch von den Indianern zurückgeschlagen und stirbt kurze Zeit darauf in Havanna an seinen Verwundungen.

1559 Tristan de Luna gründet in Penascola die erste spanische Kolonie, die die älteste der Vereinigten Staaten ist.

1562 Ermutigt von Gaspard de Coligny entdecken die französischen Hugenotten Florida. Sie errichten unter ihrem Führer Jean Ribaud das Fort „Caroline Francaise", wüten unter den Indianern und verärgern die Spanier. Phillipp II. von Spanien beschließt, die kleine französische Flotte und das „Calvinisten-Nest" endgültig zu zerstören.

1565 Florida ist wieder fest in spanischer Hand. Der Eroberer Menedez de Aviles gründet, zusammen mit Jesuiten und Franziskaner-Mönchen, die Siedlung Saint Augustine.

1586 Das aufblühende Florida erweckt das Interesse der Engländer. Francis Drake, der wohl berühmteste englische Pirat, eroberte Saint Augustin und andere isolierte Außenposten der Spanier für die Engländer.

1618 Die durch Sklavenarbeit immer reicher gewordenen Kolonien Georgia und Alabama wenden ihr Interesse Florida zu. Die noch unberührten Landschaften Floridas werden bebaut, der Schiffsbau gewinnt rasch an Bedeutung, die Bevölkerung wächst in rasantem Tempo.

1702 James Moore, der englische Gouverneur Carolinas, zerstört die spanischen Missionen der Appalachen und ebenso Saint Augustine. Auch die Franzosen sind kurzfristig wieder in Pensacola, müssen es jedoch schnell den Engländern übergeben, die innerhalb kürzester Zeit die Herrschaft über den gesamten Golf von Mexiko übernehmen.

1783 Der amerikanische Unabhängigkeitskrieg wird gegen die englischen Besatzer entschieden. Florida, das während der Auseinandersetzungen auf Seiten der Engländer stand, fällt den schon seit

Geschichte

Jahrzehnten auf der Lauer liegenden Spaniern kampflos in die Hände.

1812 Der amerikanische General Andrew Jackson fällt, unter dem Vorwand, die aufständischen Indianer zu unterwerfen, in Florida ein. In blutigen Verfolgungen und grausamen Metzeleien dezimiert Jackson in den folgenden Jahren die ansässigen Stämme, vor allem den der Seminolen, zu deren Besitz große Landstriche Floridas zählten. Erst 1837, mit dem Tod des Seminolenführers Osceola, enden die Kriege gegen die Indianer. Spätere, kleinere Aufstände wurden niedergeschlagen, die Seminolen zu Tausenden nach Oklahoma deportiert.

1821 Spanien, von Jackson geschlagen, verkauft Florida für 5 Millionen Dollar an die Vereinigten Staaten .

1845 Am 3. März wird Florida offiziell als 27. Staat der USA ausgerufen.

1861 Der amerikanische Bürgerkrieg beginnt, doch Florida, auf der Seite der Südstaaten, geht 1865 mit relativ geringen Schäden aus ihm hervor. Der Wiederaufbau unter Gouverneur Harrison Reed wird zügig beendet.

1880 Industriemagnaten, unter ihnen der Eisenbahnkonstrukteur Henry M. Flagler und Henry B. Plant, entdecken das noch immer fast unberührte Florida und sind fasziniert von der Schönheit der Landschaft und der Küsten. Mit dem Bau des ersten Luxushotels in Florida, dem Ponce de Leòn in Saint Augustine 1885, fällt der Startschuß für die touristische Entwicklung des Landes.

1897 Die Eisenbahnlinie der Ostküste (Eastcoast Railroad) wird bis Miami fortgesetzt, 15 Jahre später die Linie Jacksonville – Key West von Flagler eröffnet. Florida entwickelt sich rasant, bereits 1920 ist das ganze Land, in dem noch „der amerikanische Traum" vom schnellen Reichtum wahr werde konnte, bevölkert.

1949 Die ersten Raketenabschußrampen werden auf Florida installiert.

1958 übernimmt die NASA das Gelände, errichtet weitere Labors und Versuchsrampen und krönt ihre Tätigkeit am 16. Juli 1969 mit der ersten Landung eines bemannten Raumschiffes, der Apollo XI, auf dem Mond.

1971 Ein weiterer Visionär realisiert seine Vorstellungen auf dem Boden Floridas: Walt Disney.

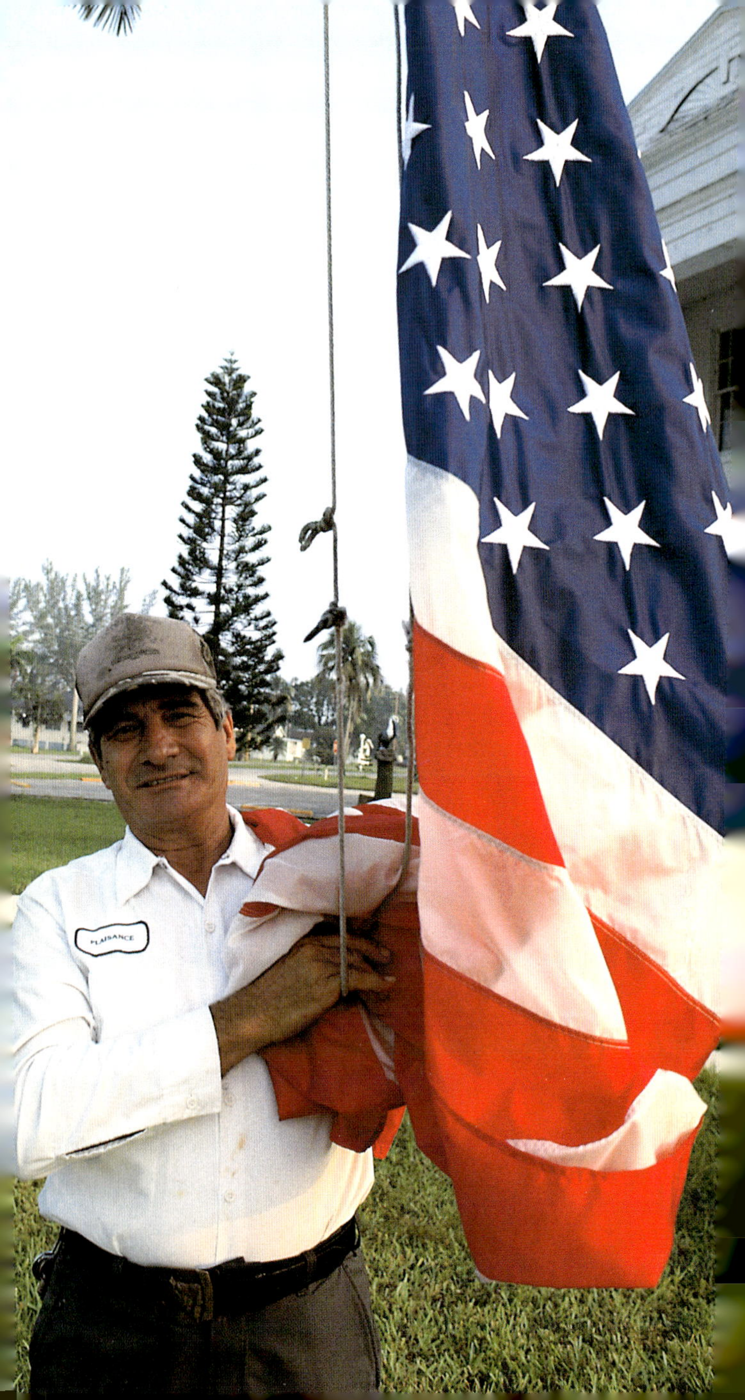
PLAISANCE

Praktische Tips

Anreise

Als Bürger eines Mitgliedsstaates der EG brauchen Sie, sofern Ihre Aufenthaltsdauer drei Monate nicht überschreitet, kein Visum mehr. Vor Ihrer Ankunft am Flughafen erhalten Sie 2 Meldekarten, die Sie bitte noch im Flugzeug ausfüllen. Ein Teil davon wird an der Paßkontrolle in Ihren Paß geheftet und beim Abflug wieder entfernt.

Von den Hauptanflughäfen Floridas aus, Miami und Orlando, gibt es hoteleigene, öffentliche und Gray Line Airshuttle, Busse die gegen einen Fahrpreis von etwa 15 $ pro Person verschiedene Hotels anfahren. Eine Taxifahrt kostet (je nach Verkehr und Entfernung) zwischen 45 und 60 $, lohnt sich also nur, wenn man sich zu mehreren die Kosten teilt. In den Ankunftszonen gibt es Büros aller gängigen Autovermieter, Mietautos werden meist direkt am Flughafen bereit gestellt.

Auto

Florida ohne Auto ist fast ein Ding der Unmöglichkeit, es sei denn, man hat vor, sich auf nur gelegentliche Ausflüge zu beschränken. Die meisten Reiseveranstalter bieten ein Komplettangebot Flug-Hotel-Mietwagen. Wer es nicht nützt, kann sich in Florida selbst einen Wagen mieten, die Preise sind im Vergleich zu Europa niedriger. Ein Rückholtransport ist bei internationalen Verleihfirmen wie Avis, Hertz oder Budget meist inbegriffen, ortsgebundene kleinere, und oft noch billigere Anbieter erwarten die Rückgabe am gleichen Ort. Die Bezahlung erfolgt am besten mit Kreditkarte (s. Geld). Wichtig: Sie müssen mindestens 21 Jahre alt sein und den Führerschein bereits ein Jahr besitzen. Ein internationaler Führerschein ist nicht unbedingt notwendig. Im Fall einer Panne, rufen Sie den Vermieter oder die „Triple A" an, das Pendant zu den deutschen Automobilclubs (Tel. 1 800 336 HELP). Sie hilft gegen Vorlage der Mitgliedskarte eines deutschen Automobilclubs kostenfrei.

Benzin

Sprit wird in Gallons (ca. 3,7 Liter) abgegeben. Normalbenzin heißt „Regular", Super genauso oder „Premium" oder „Supreme", bleifrei „unleaded", „no lead" oder „lead free". Diesel erhält man meist nur an den spärlich gesäten LKW-Tankstellen. Der Kraftstoff ist ebenfalls günstiger als in Europa.

Bus

Das Greyhound-Busnetz quer durch Florida ist sehr gut ausgebaut, die Busse sind mit Klimaanlagen, Toiletten und Liegesitzen ausgestattet. Beachten Sie, daß Sie unterwegs keinen Zugang zu ihrem Gepäck (max. 60 kg) haben. Greyhound-Busbahnhöfe sind in Jacksonville, 10 North Peal Street, Tel. 356 5521; in Key West, 615 Duval Street, Tel. 296 9072; in Miami Downtown, 950 NE 2nd Avenue, Tel. 945 6513; in Orlando Downtown, 300 W Amelia Street, Tel. 843 7720; in Pensacola, 201 Baylen Street, Tel. 432 5196; in Tallahassee, 112 W Tennessee Street, Tel. 222 4240 und in Tampa, 610 Folk Street, Tel. 229 1501.

Camping

Die billigste Alternative zu den häufig recht teuren Hotels. Man unterscheidet zwischen staatlichen und privaten Campgrounds. Die staatlichen liegen in fast allen National- und State Parks, sind einfach eingerichtet und entsprechend preiswert. Platzvergabe nach dem Motto „first come, first served", die letzten gehen leer aus, Reservierungen sind nicht möglich. Anders auf den Privatplätzen – sie sind mit allem Komfort eingerichtet – vom Wäschetrockner bis zum Swimming-Pool. Für Campingwagen sind in erster Linie die Trailer Parks vorgesehen. Weite-

89

Praktische Tips

re Informationen, wie Platzlisten, Adressen etc. sind sowohl beim Fremdenverkehrsamt mit bei der Florida Campground Association, 2329 Hampshire Way, Tel. (904) 893 4690, in Tallahassee zu erhalten.

Diplomatische Vertretung

Consulate General of the Federal Republic of Germany, Branch Office Miami, 100 N Biscayne Boulevard, Miami, Tel. (305) 385 0290 / 91.

Einkaufen

Zu kaufen gibt es alles, was gut und teuer ist – vom Bikini über Pelze (!) bis zum Auto. Souvenirs en masse – vom übelsten Kitsch über Micky Mäuse zu kostbarem Indianerschmuck. Günstig ist jedoch alles, was mit Foto und Video zu tun hat, vor allem in den Großstädten. Preisvergleich ist angebracht, Fachgeschäfte vorzuziehen. Überall findet man große Einkaufszentren oder „Malls", die häufig rund um die Uhr geöffnet haben. Für Selbstversorger ideal.

Eintrittsgelder

In vielen Museen und Galerien ist der Eintritt zwar offiziell frei, trotzdem sind diese auf freiwillige „Spenden" zur Erhaltung und Erweiterung ihrer Institution angewiesen. Andere fordern zwar keine Eintrittsgelder, vergeben jedoch Eintrittskarten mit der Bitte, zu geben, was man kann. Als Richtlinie für beide Fälle können gelten: zwischen 3 und 5 Dollar (je nach Größe des Museums) pro Erwachsener, Senioren und Studenten die Hälfte.

Essen und Trinken

Für Freunde von Fisch und Schalentieren ist Florida ein Paradies, „seafood" wird fast an jeder Straßenecke angeboten. Hinzu kommen Steaks riesigen Ausmaßes sowie köstliche Salate. Beim Steak achten sie auf die Zubereitungsformen: „well-done" (gut durchgebraten), „medium" (halb durchgebraten) und „rare" (blutig). Außerdem sind die Küchen aus aller Welt vertreten, vorzugsweise kubanische, italienische und französische, seltener auch deutsche. In vielen Lokalen muß man auf eine Platzzuweisung warten, stürzen Sie also nicht einfach hinein. Frühstück wird übrigens immer mit – wenn Bedarf – literweise Kaffee serviert, nur die erste Tasse muß bezahlt werden. Wer Riesen-Hunger hat, sollte nach dem Hinweisschild „all you can eat" Ausschau halten. Zu einem Festpreis kann man hier essen, soviel man will. Die üblichen Essenszeiten, an die sich die Lokale mit ihren Öffnungszeiten halten, sind: Frühstück (breakfast) 7–10 Uhr, Mittagessen (lunch) 11.30–14 Uhr, Abendessen (dinner) 17–20.30 Uhr.

Feiertage

Die Feiertags- Regelung ist in den USA keineswegs so strikt wie in Europa, im allgemeinen sind die Geschäfte in den größeren Städten geöffnet. Allerdings sind die Öffnungszeiten auf etwa 10 bis 16 Uhr verkürzt. Geschlossen sind allerdings Behörden und meist auch öffentliche Bibliotheken. Nur am Christmas Day (25. 12.) ist garantiert alles zu. Mit besonderen Feierlichkeiten ist am Unabhängigkeitstag (4.Juli), am Labor Day (1. Montag im September) und an Thanksgiving (letzter Donnerstag im November) zu rechnen. Zwar kein Feiertag, aber trotzdem wichtig, ist „Halloween" am 31. 10.

Geld

Dollarscheine gibt es zu 1, 10, 20, 50, 100, 500 und 1000 Dollars, wobei man letzere aber kaum sieht. Alle Scheine haben die gleiche Größe, sind also leicht zu verwechseln! 1 Dollar unterteilt sich in 100 Cent, Münzen gibt es zu 1 (one penny), 5 (nickel), 10 (dime), 25 Cent (quarter) und 1 Dollar.

Praktische Tips

Das „allgemeine Zahlungsmittel" ist jedoch Plastikgeld, nur nicht in einfachen Restaurants oder Geschäften. Banken gibt's in den größeren Städten sehr viele – fast überall können Sie mit einer Visa-, Master Card oder American Express Kreditkarte Geld ziehen. Achtung: Euroschecks werden nur in den deutschen Banken (Miami) und der Hauptstelle der CITI-Bank akzeptiert. Überall dagegen kann man Traveller-Cheques loswerden, egal ob in Dollar oder D-Mark.

Geschwindigkeitsbegrenzungen

Wer sie nicht beachtet, muß gegebenenfalls tief in die Tasche greifen, auf das Verständnis der Polizei sollte man sich lieber nicht verlassen.

Höchstgeschwindigkeit außerhalb geschlossener Ortschaften: 55 mph (miles per hour), etwa knapp 90 km/Std., innerhalb: 20–25 mph, etwa 30–40 km/Std.

Hotels

Auf gut Glück ohne Hotelbuchung kann man durchaus nach Florida fliegen, man sollte hierbei jedoch die Hauptsaison vermeiden (Nordflorida im Sommer, Südflorida im Winter). Um Weihnachten/Neujahr wird's jedoch überall eng. Florida besitzt knapp 10 Hotels und über 40 Motels, mit jeweils großem Zimmerangebot. Sehr viele von ihnen gehören zu Ketten, was insofern praktisch ist, als man von einer Unterkunft aus problemlos die nächste(n) reservieren kann. Zimmereinteilung: single – Einzelzimmer, double – Doppelzimmer mit 1 Doppelbett, twin – 2 Einzelbetten, double twin – 2 Doppelbetten für 2–4 Personen, efficiency – Studio mit Kochgelegenheit. Mahlzeiten: AP (american plan) – Vollpension, MAP (modified american plan) Halbpension, EP (european plan) – nur Übernachtung. Continental breakfast: Kaffee, Tee, Brot, Toast, Marmelade; american breakfast: mit Eiern, Schinken, Würstchen, Müsli o.ä.
Gasthäuser (guest houses oder inns) sind ebenfalls zahlreich vorhanden, die Unterkunft ist hier einfacher, dafür aber persönlicher. Jugendherbergen gibt es in den größeren Städten, eine Liste erhält man bei American Youth Hostels, 1332 First Street North West, Suite 800, Washington, DC 20005.

Klima

Der Sonnenstaat Florida hat ganzjährig angenehm warmes Klima, die Temperaturen liegen durchschnittlich bei 20–30° C. Ganz selten gibt es in Nordflorida im Winter nachts Bodenfrost, im Sommer kann die Temperatur im Süden auf 35° C steigen, wobei sich die hohe Luftfeuchtigkeit auf manchen Kreislauf belastend auswirken kann.

Beste Reisezeit für Nordflorida: Frühling, Sommer, Herbst, für den Süden: Herbst, Winter, Frühling. Leichte Kleidung ist angebracht. Ein warmer Pulli für kühlere Morgen- und Abendstunden sollte aber auch dabei sein. Bequeme, feste Schuhe sind für die Naturparks unerläßlich.

Netzspannung

In den USA sind nur 110 Volt üblich. Wenn Sie in Europa einen Adapter kaufen, achten Sie darauf, daß auch die Pole in den USA flacher sind, weisen Sie den Verkäufer bitte darauf hin. Adapter sind in Florida nur schwer zu finden. Sollten Sie in den USA elektrische Geräte kaufen, die ja erheblich billiger sind, muß dieses auf 220 Volt einstell- oder umschaltbar sein.

Notfälle

Deutsche Krankenscheine werden in den Vereinigten Staaten nicht akzeptiert, die Leistungen müssen bezahlt werden. Eine Rückerstattung durch die Krankenkassen erfolgt in der Regel nicht,

Praktische Tips

es sei denn, Sie haben zuvor eine entsprechende Auslandsversicherung, die die USA miteinschließt, abgeschlossen. Gängige Medikamente gegen Übelkeit, Kopfschmerz, Erkältungskrankheiten etc. sind auch in den Drugstores (Drogerien) rezeptfrei erhältlich.
Allgemeiner Notruf für Polizei, Feuerwehr und Rettungswagen ist 911. Namen und Adressen deutschsprachiger Ärzte erfährt man im deutschen Generalkonsulat.

Öffnungszeiten

In den Vereinigten Staaten gibt es keine gesetzlichen Ladenschlußregelungen. Die meisten Läden schließen jedoch zwischen 18 und 19 Uhr, haben dafür aber täglich geöffnet. Große Einkaufszentren sind meist bis 21 Uhr, Supermärkte und „Delicatessen" sogar oft rund um die Uhr geöffnet.

Post und Telefon

Öffnungszeiten der Post: Mo.–Fr. 8–17 (18) Uhr, Sa. bis 12 Uhr.
Briefmarken sind auf Postämtern erhältlich. Nur selten werden sie zusammen mit Postkarten verkauft. Außerdem existieren, ähnlich wie in Deutschland, Briefmarkenautomaten.
Die Vorwahlnummern der einzelnen Städte sind jeweils unter dem Stichwort angegeben. Wer Telefonzellen benützt, kann häufig mit Kreditkarte zahlen, andere erfordern eine Tasche voll Kleingeld – dies zu sammeln ist ohnehin empfehlenswert, da es häufig, z. B. für innerstädtischen Busverkehr, gebraucht wird. Die Münzen werden erst eingeworfen, wenn die Teilnehmerverbindung hergestellt ist. Telefonnummern, die mit „800" beginnen, sind gebührenfrei. Manchmal stellt ein „operator" die Verbindung her, er nennt ihnen nach dem Telefonat die zu zahlende Summe. Für Ferngespräche muß grundsätzlich der operator mit „0" angewählt werden, er fordert dann auf, die Teilnehmernummer zu wählen. Die Nullen vor der Landesvorwahl entfallen dadurch. Sollten Sie sich verdrücken, ohne zu zahlen, erschallt ein sirenenartiges Geklingel ... !

Sport

Florida mit seinen endlos vielen Bade-, Tauch-, Angel-, Surf-, Tennis- Golf- und Wandermöglichkeiten ist ein Paradies für Sportsfreunde. Fast jedes Hotel an der Küste bietet entsprechende Möglichkeiten, wenn nicht, erhält man zumindest Tips, wo man das Equipment für seine Lieblingssportart erhalten kann. Neben den gängigen Sportarten gibt es noch „Spezialitäten" wie Hochseefischerei oder Jai-alai, das angeblich schnellste Ballspiel der Welt. Infos zu den einzelnen Sportarten gibt es bei den jeweiligen offiziellen Verbänden:
Angeln: Florida Game and Freshwater Fish Commission, Farris Bryant Building, Tallahassee, Tel. (904) 488 2975. Hier werden ggf. auch Angellizenzen ausgestellt.
Bootssport: Florida Boaters Association, 1900 79th Street Causeway, North Bay Village, Tel. (305) 868 4117.
Golf: Florida State Golf Association, P.O.Box 21177, Sarasota, Tel. (813) 921 5695.
Allgemeine Informationen: Florida Sports Foundation, Room 455, 107 W Gaines Street, Tallahassee FL 32399, Tel. (904) 488 8347.

Steuern

Wenn Sie in den Vereinigten Staaten zum ersten Mal einkaufen, haben Sie entweder ein Fragezeichen im Gesicht, oder ein „Aha-Erlebnis", denn die ausgeschriebenen Preise stimmen meist nicht mit dem überein, das Sie zahlen müssen. Die angegebenen Preise sind als Netto-Preise, also ohne Mehrwertsteuer zu verstehen. Letztere wird an der Kasse automatisch addiert, sie macht etwa zehn Prozent aus.

Praktische Tips

Bei den Hotelrechnungen wird State Tax von etwa fünf Prozent hinzugefügt.

Strände

Die Strände Floridas sind ein Traum. Sie erstrecken sich über eine Länge von ungefähr 1350 km, schwimmen kann man fast überall. In einem Punkt unterscheiden sich allerdings die Strände von der Ost- und Westküste: Der Golf von Mexico hat eine sanftere Brandung, wodurch der Sand erheblich weicher ist. Im Osten sind die Strände mit dem Auto befahrbar, also hart, und die Brandung heftig.

Die Bedingungen sind für Surfer ideal, für Nichtschwimmer und Kinder eher gefährlich. Diese sollten besser auf Swimming-Pools ausweichen.

Trinkgeld

Aufgrund der relativ geringen Löhne, bei denen das Trinkgeld bereits im Vorhinein miteinkalkuliert wird, sind Beschäftigte im Dienstleistungsbereich auf Trinkgeld angewiesen. Man sollte mit fünfzehn Prozent rechnen, egal ob im Restaurant oder im Taxi. Wer weniger gibt, wird gefragt, ob er nicht zufrieden war. Allein für's Türaufhalten sollte man einen Dollar lockermachen, der Kofferträger erwartet dasselbe pro Gepäckstück.

Unterhaltung

In Florida ist immer und überall irgendetwas los: In den meisten Kneipen, Cafés und Bars wird Life-Musik gespielt, vor allem Südamerikanisches, Rock n' Roll, Country und Jazz. Kostenlose Programme liegen in den meisten Hotels und Motels aus, zusätzliche Informationen erteilen die Fremdenverkehrsämter. Ein Blick in eine Tageszeitung genügt jedoch auch.

Veranstaltungen

Januar: Schottische Hochland Spiele: Orlando. Muschelschau: Sarasota.
Februar: Karneval: Orlando. Orangenfest: Miami. Seminole-Rodeo: Hollywood.
März: Filmfest: Tampa. Flußtag: Jacksonville. Frühlingsfest: Lake Worth.
April: Osterfestival: St. Augustine. Kunstfestival: Gainsville. Jazz Festival, Sailors Circus: Sarasota. Weinfest: South Walton. Flugshow: Punta Garda.
Mai: Shrimp Festival: Amelia Island. Beach Spring Festival: St. Augustine Beach. Pioneer Days: High Springs. Gulf Coast Triathlon: Panama City Beach.
Juni: Annual Miami / Bahamas Goombay Festival: Coconut Grove. Music Festival: Sarasota.
Juli: Lower Keys Unterwasser Musikfestival: Big Pine Key. Hemingway Tage: Key West. Kingfish Tournament: Jacksonville. Suncoast Offshore Grand Prix: Sarasota.
August: American Waterski Association Nationals & US Open, South Walton.
September: Gründungstag von St. Augustine.
Oktober: Spanische Woche, Dade County. Flugshow in Kissimmee.
November: Erntefest in Miami. Bootsausstellung von Jacksonville.
Dezember: Kerzenlichtprozession von Lake Buena Vista. Orange Bowl Festival in Miami.

Zeit

Florida ist sechs Stunden hinter der mitteleuropäischen Zeit (MEZ) zurück.

Westlich von Tallahassee erreichen Sie eine weitere Zeitzone, stellen Sie die Uhr um eine Stunde zurück (MEZ – sieben Stunden). Die Sommerzeit verschiebt sich etwas, sie setzt erst am 2. April Wochenende ein (bis dahin sieben Stunden Differenz) und dauert bis zum letzten Oktober Wochenende (bis dahin fünf Stunden Zeitunterschied). Zeitangaben erfolgen im Zwölf-Stunden-Takt: 0 bis 12 Uhr wird mit dem Zusatz a.m. (ante meridiem, also vormittags), 13 bis 24 Uhr mit dem Zusatz p.m. (post meridiem, also nachmittags) ausgewiesen. 15.45 Uhr entspricht also 3.45 p.m.

Impressum

Alle Angaben wurden sorgfältig recherchiert und mehrfach überprüft. Dennoch kann eine Haftung für Änderungen und Abweichungen nicht übernommen werden. Die Colibri-Redaktion freut sich auf Berichtigungen und ergänzende Anregungen, oder schreiben Sie auch, wenn Ihnen etwas besonders gut gefallen hat:

Compact Verlag
Colibri-Redaktion
Züricher Straße 29
81476 München

© Compact Verlag München
Redaktion: Katrin Lyda
Redaktionsassistenz: Sandra Mulzer, Nikola Trudzinski
Umschlaggestaltung: Inga Koch
Karten: Kartographie Venzl, München
Symbole: Sabine Wittmann
Satz: Friedhelm Schrodt, München
ISBN 3-8174-4447-8
Artikelnummer 4444471

Bildnachweis:

Agentur Hundertprozent: (S. 27, 35, 43, 80, 81, 88)

M.Braunger: (S. 6, 31, 34, 45, 65, 72)

E.Gössnitzer: (S. 13, 19, 26)

W.Grabinger: (S. 37, 51, 52, 53, 68, hintere Umschlagklappe innen)

I. Grossmann: (S. 8, 9, 12, 18, 22, 30, 32, 33, 36, 66, 70, 84, hintere Umschlagklappe außen)

R.Hackenberg: (S.14, 20, 29, 39, 47, 59, 61, 62, 64, 71, 83)

C.Müller: (S. 7, 10, 11, 15, 16, 17, 21, 42, 44, 46, 48, 49, 50, 54, 55, 58, 60, 63, 67, 69, 77, 78, 79, 82, 85)

Titelbild: Pelikane auf Key West (Gunda Amberg)

Stichwortverzeichnis

African Safari Park 71
Amazing Rainforest 71
Anastasia-Island 20
Animal Forest 45
Apopka 43
Art Deco District 77
Bahia Mar Marina 62
Bayfront Park 78
Bayside Market Place 79
Big Cypruss Nature Center 72
Big Pine Key 70
Boca Raton 58
Bok Tower Gardens 43
Bonita Beach 72
Bonita Springs 72
Brest Art Gallery 10
Brevard Art Center and Museum 28
Broadwalk 64
Cape Canaveral 26
Caribbean Gardens 71
Castillo de San Marcos 19
Cedar Key Wildlife Refuge 6
Cedar Keys 6
Center for the Fine Arts 80
Challenger 26
Church Street Station 44
Cigar Factory 36
Circus Gallery 33
City Dock 35
Cocoa Beach 27
Cocoa Beach 39
Coconut Grove 79
Coral Gables 80
Cummer Gallery of Art 9
Cypress Gardens 44
Dali Museum 30
Dania 59
Daytona Beach 6
Daytona International Speedway 7
Delius Festival 10
Delius House 10
Disney MGM-Studios 49
Downtown Miami 81
Dry Tortugas 66
E.N. Darling Natural Wildlife Refuge 64
El Anhinga Trail 61
Elvis Museum 45
Ernest Hemingway 67
Everglades 59
Everglades Alligator Farm 61
Everglades Jungle Cruise 64
Everglades Wonder Gardens 72
Fairchild Tropical Gardens 81
Flagler Beach 8
Florida Citrus Tower 45
Fort Caroline 10
Fort Lauderdale 62
Fort Myers 63
Fort Pierce 28
Gallery of Space Flight 27
Gatorland 45
Grassy Key 70
Gulf Coast Ranger Station 61
Gulfstream Park 64
Gumbo Limbo Trail 61
Gusman Center for the
  Perfoming Arts 81
Hass Museum 30
Henry B. Plant Museum 35
Hialeah 82
Hillsborough County Historical
  Commission Museum 35
Hollywood 64
Hollywood Fashion Center 64
Hugh Taylor Birch State Park 62
Humphrey Bogart 65
Indian World Museumand Trading
  Post 46
Iron Mountain 43
Islamorada 65
J.F. Kennedy Space Centers 28
Jacksonville 9
Jacksonville Art Museum 9
Jacksonville Beach 10
Jacksonville Museum of Science and
  History 10
John U. Lloyd Park 59
John Young Museum &
  Planetarium 46
Key Biscayne 66
Key Biscayne 82
Key Historical Society Museum 6
Key Largo 65
Key Vaca 70
Key Vaco 70
Key West 67
Keys 67
Kissimmee 47
Lake City 11
Lake Worth 72
Lee Counties 63
Lincoln Road Mall 84

95

Stichwortverzeichnis

Little Havanna 83
London Wax Museum 31
Mahagony Hammock Trail 61
Marathon 69
Marco Island 72
Marineland of Florida 8
Maximo Gomez Park 83
Melbourne 28
Merrit Island 28, 39
Miami Beach 83
Miami Metro Zoo 84
Miami Museum of Science & Space Transit Planetarium 85
Miccosukee Indian Village 70
Middle Keys 69
Miracle Center 81
Miracle Strip 6
Mission Nombre de Dios 20
Monkey Jungle 71
Moyne Art Foundation 23
Museum of Florida History 23
Myakka River State Park 33
Mystery Fun House 48
Naples 71
National Key Deer Refuge 70
Natural Bridge State Historic Memorial 23
Naval Aviation Museum 15
New Smyrna Beach 29
Noname Key 70
Norton Gallery 72
Ocala 12
Ocean Drive 84
Ocean World 62
Oldest Store Museum 18
Orlando Museum of Art 48
Osceola National Forest 11
Palm Beach 72
Palm Coast 8
Panama City 12
Parrot Jungle 84
Pelican Path 67
Pensacola 14
Pensacola Historical Museum 15
Pensacola Museum of Art 15
Pigeon Key 70
Planet Ocean 83
Planetarium 47
Potter's Wax Museum 20
Ringling Museum of Art 32
Ripley's Believe-it-or-not Museum 19
Royal Palm State Parks 60
Saint Augustine 16
Saint Lucie Counties 28
Saint Michael's Cemetery 15
Saint Petersburg 29
Saint Petersburg Historical Museum 31
Sanibel-Captiva Conservation Organisation 63
Sarasota 32
Sarasota Art Association 34
Sarasota Opera House 34
Sea World 48
Seaquarium 82
Seminole Culture Center 36
Six Gun Territories 12
South Florida Science Museum 73
Space Coast 28
Spaceport 27
Spanish Quarter 18
Spanish Treasure Ship 68
Spring Break 7
Suncoast Seabird Sanctuary 37
Suwannee River 6
Tallahassee 21
Tallahassee Junior Museum 23
Tampa 34
Tampa Junior Museum 36
Tarpon Springs 38
Ten Thousand Islands 60
Tennessee Williams 67
Tiki-Gardens 31
Titusville 39
Tuscawilla Park 7
Universal Studios 49
Venetian Gardens 43
Venitian Pool 80
Villa Vizcayc Art Museum 85
Voyager Sightseeing Train 62
Walt Disney World 50
Washington Avenue 84
Washington Oaks State Gardens 8
Water Kingdom Atlantis 64
Watson Island 78
Wekiwa Springs State Park 43
West Palm Beach 72
Wet 'n' Wild 49
Whitehall Museum 73
World Trade Center 78
Wrecker's Museum 68
Wrecker's Wharf 68
Ybor City State Museum 35